Tels pères… quels fils ?

Groupe Eyrolles
61, bd Saint-Germain
75240 Paris cedex 05

www.editions-eyrolles.com

© Groupe Eyrolles, 2006
ISBN : 2-7081-3442-6

Pascale WEIL

Tels pères
... quels fils ?

La révolution silencieuse entre
les baby-boomers et leurs enfants

EYROLLES

Remerciements

Je voudrais ici remercier les membres de ma famille qui ont lu et souvent relu ces pages, qui m'ont fait part de leurs remarques « générationnelles » et qui m'ont constamment encouragée au cours de ces cinq années.

Je voudrais exprimer toute ma gratitude à Maurice Lévy qui non seulement a accepté de préfacer cet ouvrage mais m'a prodigué ses conseils exigeants.

Merci à Éric Giuily et Serge Pérez qui m'ont proposé d'accompagner ce travail dans un déploiement professionnel, à Gérard Unger qui fut le premier lecteur et qui m'a engagé à poursuivre, à Benoit Roger-Vasselin pour ses remarques sur l'incidence de ces évolutions. Merci aussi à tous ceux qui, au sein de Publicis, m'ont fait part de leurs avis… alors que je n'avais pas mené cette réflexion dans une perspective professionnelle : je pense en particulier à Anne-Isabelle Court, Claire Saule, Valérie Busnel ou Paul Bernard.

Sommaire

---

1   Publicité de Bordeau Chesnel.

Deuxième partie
POINT D'INFLEXION

Préface

Si à l'instar des scénarios ou romans de science-fiction vous vous étiez endormi à la fin des années soixante, vous réveillant aujourd'hui, vous auriez eu du mal à reconnaître dans le président de la République le fringant secrétaire d'État qui faisait la navette entre Matignon et Grenelle pour les fameuses négociations du Grenelle 68 ! Ou encore de reconnaître dans l'eurodéputé vert d'Allemagne, Dany le Rouge qui toisait et provoquait les CRS. Vous seriez totalement perdu avec les euros pour monnaie et encore plus par le prix de la baguette (qui n'est plus vraiment une baguette) ou celui de votre quotidien. Plus encore par l'explosion des chaînes de télévision et regarderiez d'un air incrédule ces petites machines électroniques que sont les ordinateurs, seriez totalement surpris par ces micro machines que sont les téléphones portables. Sans parler de l'extraordinaire transformation de votre marché que vous ne feriez plus chez Félix Potin mais à la périphérie en achetant votre essence à un prix qui vous assommerait. Oui, en moins de quarante ans, la société a changé.

Vous seriez encore plus surpris de voir que le quasi-plein-emploi de ces glorieuses années a été remplacé par un chômage endémique, mais aussi rassuré de voir que si les bataillons provoquant les grandes grèves se sont déplacés et que le « la » n'est plus donné par la fameuse Régie Renault, les grèves sont bien présentes à intervalles réguliers dans une forme de dialogue social de sourds. La consommation est maîtrisée, l'inflation quasi inconnue, l'échelle mobile des salaires a disparu.

Et la révolution sexuelle a transformé les relations hommes/femmes mais aussi la société à l'endroit des homosexuels qui peuvent, aujourd'hui, vivre leur sexualité en toute liberté, en toute indépendance dans l'indifférence (quasi) générale.

Mais plus encore que ces changements, la société, la famille, l'individu et les relations interindividuelles, le rapport à la société, à l'autre, à la famille ont vécu un tsunami qui n'a pas fini son œuvre de bouleversement de l'intérieur de la société française. En à peine plus d'une génération, sous l'impulsion conjuguée de la communication, de la révolution technologique, du travail et de la déstructuration de la famille, la société française a changé de façon extrêmement profonde.

Et il faudrait ces deux arrêts sur image pour pouvoir mesurer à quel point nous avons changé. Comme disait Louis Jouvet dans *Hôtel du Nord* : « C'est dur de se quitter à ce point. »

Et c'est ce que démontre Pascale Weil avec une rigueur et une maestria rares. En dix tableaux, elle peint avec précision et finesse les grands traits du changement de notre société.

É-volution ? Ré-volution ? Je ne sais trop. *Tels pères… quels fils ?* pose bien le problème de notre avenir. C'est bien d'une révolution silencieuse entre les baby-boomers et leurs enfants qu'il s'agit. Cette lecture est indispensable pour comprendre notre société, ses aspirations, ses renoncements et son fonctionnement. Et surtout pour comprendre que nous ne sommes qu'au début d'une transformation qui n'a pas fini de bouleverser les relations entre les êtres et l'équilibre de chacun dans une société en perpétuel mouvement. C'est une clé indispensable pour aussi comprendre notre avenir.

Et, bien entendu, ces changements influencent le comportement du consommateur, sa recherche de satisfaction où l'on voit à quel point le psychologique l'emporte sur le physiologique, y compris dans les besoins les plus essentiels.

C'est ainsi que l'on découvre que dans le tourbillon de la vie, les marques jouent un rôle différent. Non seulement elles restent garantes de qualité, de sûreté dans un monde qui a peur de ce qu'il consomme, mais elles apportent des repères dans la vie quotidienne et parfois même dans les valeurs. Et lorsqu'elles prennent le risque de trahir ces valeurs, la réaction est alors impardonnable.

Dans le jeu de perspectives, Pascale Weil nous offre la sienne. Comme tout exercice sur les perspectives, elle prend des risques. Mais ils me paraissent assez bien calculés ; et une chose est certaine, avec l'accélération du changement, le développement exponentiel de la digitalisation et des outils qui vont avec, d'internet à la télévision par moi et pour moi, des blogs à un journal individuel, la société de demain aura besoin plus que jamais de repères, de guides, de direction pour comprendre et se mouvoir, consommer et tout simplement vivre en exprimant sa personnalité dans toutes ses dimensions et ses facettes.

Les conflits entre générations ne seront pas pour autant apaisés mais ils prendront sans doute une autre dimension si justement le rôle de guide est convenablement rempli dans les familles et la société recomposées.

Par son travail précis, rigoureux (pardon de me répéter), Pascale Weil permet de regarder la société autrement. En fait, tout simplement, de s'arrêter et de la voir telle qu'elle est, telle qu'elle a évolué et peut-être de mieux comprendre où elle va.

Maurice LÉVY
Président du directoire
Publicis Groupe SA

Avertissement

Il est devenu plus difficile d'émettre un point de vue.
Plus notre société se fragmente, plus elle est centrifuge, plus les modes de vie se ramifient et plus cette complexité risque d'être déroutante.

Mais en rester là serait abdiquer.
Ce serait renoncer à penser les courants majeurs et les lignes de force qui l'animent. Ce serait s'abandonner à l'impuissance et se soumettre à ce qui apparaîtrait alors comme une fatalité.
Aussi nous a-t-il paru utile de tenter de discerner, en deça des spécificités de chaque catégorie, de chaque sous-groupe, de chaque secteur d'activité, un canevas général.
Car le défi de notre société n'est plus le défi de l'information, c'est son traitement. À commencer par l'identification de ses grandes tendances.
Aussi, la réflexion qui suit ose-t-elle un point de vue qui a moins pour ambition de prétendre faire des révélations que de tenter une « grille de lecture ». Grille ? Je n'aime pas le mot qui enferme. Disons une interprétation des principales évolutions sur deux générations, les baby-boomers et leurs enfants, et la détection du nouvel imaginaire de société.

Introduction

> *« Tout à coup, il m'est devenu indifférent*
> *de ne pas être moderne. »*
> Roland Barthes

Prague en 1994.

Sur quelques étals de feutrine sont épinglés pins, faucilles et marteaux, grades et décorations de l'Armée rouge, insignes nazis. Tous s'entremêlent dans une coexistence dérisoire. Les vendeurs ont entre 20 et 25 ans. Que savent-ils de ces signes ? Des membres de leur famille ont-ils donné leur vie pour eux ? En une génération, ces symboles pour lesquels des millions d'hommes sont morts par fidélité idéologique se sont vus démagnétisés, alignés sans hiérarchie, sans sens de l'Histoire, sans valeur, comme de simples broches souvenirs.

C'est ici, à Prague, dans ce déballage de signes devenus insignifiants, que m'a frappée l'immensité de l'écart entre les valeurs des baby boomers et celles de leurs enfants.

Et pourtant, on continue ici de présenter l'image rassurante de clichés à la *Tanguy*, comme si ces deux générations avaient mis fin à tout conflit de génération.

Est-ce vraiment le cas ? N'assiste-t-on pas plutôt à une révolution silencieuse ? (Silence qui ne sera pas celui des 15-20 ans).

Si, les baby-boomers qui ont aujourd'hui entre 55 et 65 ans, se référaient au monde bipolaire de la guerre froide, leurs enfants de 25-35 ans, connaissent un monde multipolaire incertain et anomique. Si les premiers ont cru dans les projets idéologiques et mouvements de libération, les seconds les ont remisés au profit de leur épanouissement personnel.

Si les uns ont été élevés dans le respect de l'autorité et des devoirs – tout en ayant de cesse d'en faire sauter les verrous –, les autres invoquent leurs droits et le respect qu'on leur doit.

Si les premiers ont bénéficié des promesses de la croissance, du plein-emploi et de la liberté sexuelle, les seconds ont pour environnement une croissance en panne, le chômage, le sida et autres menaces. Oui, la liste est longue…

Cette réflexion est issue d'un paradoxe : une révolution a eu lieu, mais… silencieusement !

Si les 15-25 ans expriment leur révolte et parfois leur désespoir par une violence sans mots, révélant la gravité des défis de notre société, les 25-35 ans, eux, ne sont pas descendus dans la rue, n'ont pas brandi leur combat par pancartes interposées, ne se sont pas soudés autour d'une devise politique, au point qu'on a pu croire à la fin du conflit de génération.

Et pourtant aux aussi, sans le dire, ont tué leurs pères.

À leur manière. Sans affrontement ouvert, simplement, en regardant ailleurs. En zappant.

Ils ne combattent pas leurs parents, ils se débrouillent sans eux. Ils ne critiquent pas la société de consommation, ils s'arrangent.

Ils ne cherchent pas à revendiquer une suprématie idéologique, mais seulement à faire ce qui leur convient, comme bon leur semble.

Ils ne visent pas à être reconnus comme une « génération » mais, au contraire, comme des individus singuliers. (Mais, ironiquement, cette attitude commune n'en devient-elle pas LA caractéristique de cette « génération » ?) Ce faisant, ils inventent une nouvelle manière d'être, de se situer, de réfléchir, une autre vision du monde.

Aussi, à l'heure où les baby-boomers vont massivement prendre leur retraite (du monde du travail, du moins), ai-je voulu mieux comprendre ces deux « générations » en identifiant leurs valeurs respectives.

Comprendre ce qui les rassemble ou les sépare, ce qui préfigure leur coexistence pacifique ou leurs futurs clivages… Et ce, à travers dix thèmes centraux comme l'individu et le collectif, le politique et l'économique, leur rapport aux médias, au texte et à l'image, à la laïcité et à la religion, au corps et à l'esprit, à la mobilité ou l'enracinement, à la démocratie et la République…

J'ai souhaité aussi dépasser la simple « liste de courses » pour tenter un pari : celui de faire émerger une logique, un fil rouge derrière la confusion apparente. Car si l'époque actuelle se complaît dans les informations éparses et les découpages impressionnistes, elle répète aussi à l'envi sa quête de sens.

Aussi ai-je tenté ici le pari de regrouper, au-delà des fragments épars, des familles de pensées et de détecter des parentés et des cousinages d'approche.

Le pari d'identifier ce qui change, comme les technologies, mais aussi ce qui perdure depuis 25 ans – comme l'individualisme –, saisir les ressemblances ou divergences générationnelles et leurs conséquences sur le « vivre ensemble ».

Le pari d'établir un pont entre l'entreprise et l'université. Car, si le monde universitaire a développé des analyses éclairantes sur la société postmoderne (et « hypermoderne », pour reprendre le terme de Gilles Lipovetski), dans le monde de l'entreprise, le terme de « postmodernité » est resté, 25 ans après Jean-François Lyotard[1], toujours aussi abscons et rébarbatif. Or les entreprises ont un besoin impératif de comprendre les évolutions de société pour profiler et ajuster leur offre et ce, malgré le décalage de tempos et de concepts entre les mondes universitaire et économique.

Aussi ai-je pris un parti mais aussi un risque : celui d'incarner la « société moderne » et la « société postmoderne » par les générations qui les ont dominées : respectivement les baby-boomers et leurs enfants. Le propos m'en a paru plus vivant, plus clair et davantage partageable, malgré les risques inévitables à une telle transposition. Ainsi, la « modernité » qui

---

1. Jean-François Lyotard, *La condition postmoderne*, Minuit, 1979.

a nourri la vision des baby-boomers reste-t-elle le filtre avec lequel ils jugent, comparent et apprécient la « post-modernité », alors que cette dernière constitue le cadre naturel de référence de leurs enfants.

Comparer ces deux époques m'a aussi conduit à observer la manière dont nos métiers du marketing et de la communication les avaient accompagnées et à m'interroger sur leurs rôles et responsabilités.

Enfin, pour porter le regard au loin, j'ai choisi de conclure sur les fondements du nouvel « imaginaire » ; un imaginaire qui n'est ni l'imagination, ni un doux rêve, mais la vision que nous avons du monde, et la manière dont nous nous le racontons. La vision avec laquelle nous nous projetons dans l'avenir et renouons avec la transmission aux générations futures, celle qui nous interpelle aussi sur ce que nous faisons de l'axe du Temps, préoccupés que nous sommes par l'Espace de la mondialisation.

À quel titre en parler ? À titre professionnel, comme consultant en stratégie et comme sociologue, mais aussi comme personne et femme, comme parent de mon fils et enfant de mes parents. À travers des exemples issus de la politique, des entreprises, de la consommation, des médias, de la culture. Comme dans la vie.

Première partie

« NOUS N'AVONS PAS LES MÊMES VALEURS ! »[1]

---

1. Signature de la marque Bordeau Chesnel.

CHAPITRE 1

Du politique à l'économique et du collectif à l'individuel

La vision moderne du projet politique

Depuis 500 ans, depuis la conquête de l'Amérique, la Renaissance, la modernité a eu pour constance, avec la grande marche de la science, de s'affirmer comme la croyance politique en un idéal de progrès dans lequel, peu à peu, l'individu s'accomplirait.

Être moderne, ce fut avec les Lumières, se construire un futur meilleur, croire en un projet libérateur, s'affranchir du poids de sa condition d'origine, se hisser dans l'échelle sociale. Et si être une femme paysanne au XVII siècle condamnait d'emblée l'accès à de nombreux avenirs, aujourd'hui, une femme a, toutes choses égales par ailleurs, plus de chances que ses aînées de s'inventer la vie qu'elle souhaite.

La modernité a été indissociable d'une lutte de libération, d'une émancipation de divers jougs, ceux du droit divin,

9

de la colonisation ou de la domination masculine. Et, aujourd'hui encore, il suffit de mesurer dans un pays le taux d'éducation des filles (qui conditionne leur autonomie financière et leur accès à la contraception), pour en apprécier le niveau de développement.

Si ses formes ont évolué, la modernité a conservé sa caractéristique : la confiance dans un projet politique, dans la priorité de la société sur l'individu et la prévalence de la Grande Marche de l'Histoire sur les histoires : *il fallait libérer la société pour libérer l'homme…*

Les baby-boomers sont les héritiers de cette conception de l'histoire : ils en ont conservé une prédilection pour « le » politique et, parfois, la politique. Ils se sont ainsi présentés comme une génération politique, **LA génération de libération**, des peuples contre l'État colonial, des étudiants contre les mandarins, des femmes contre le machisme, de la modernité contre la tradition.

De leurs choix politiques collectifs, ils ont tiré la substance de leurs appartenances et la cohérence de leurs votes. Être de gauche ou de droite engageait non seulement leurs options de citoyens mais leurs modes de vie personnels : ils s'appareillaient, se fâchaient, s'injuriaient et se jugeaient, au nom de leurs positions politiques. Et s'ils ont été la génération qui a vu fleurir la consommation et s'épanouir les marques, ils n'en ont pas moins gardé un système de valeurs qui plaçait le politique à la première place.

Aussi, quand il est devenu évident que la modernité avait donné naissance à de formidables réussites, mais aussi à des barbaries sans précédent, se sont-ils trouvés particulièrement orphelins des grands récits qui donnaient sens à leurs engagements… et à leur vie.

La vision postmoderne du « trajet individuel »

Tels pères… quels fils ? Ces derniers ne relèvent pas de la même histoire. Eux sont nés dans ce désenchantement du monde. Loin de s'arrimer à une ambition politique, leur vision postmoderne repose sur la méfiance envers le collectif et sur la liberté de chacun.

Point de Projet de société en majuscules, mais des projets individuels en minuscules.

Point de revendication collective de « génération », mais celle d'individus à respecter dans leur singularité (ce qui est, en soi, leur trait de génération).

Point d'Histoire, mais des histoires à rédiger soi-même. Point d'appartenance politique à un camp, un parti, un pays, mais la liberté de se créer sa propre trajectoire.

Point de héros militants comme Che Guevara, Angela Davis, Jane Fonda ou Martin Luther King mais des héros-hérauts médiatiques, des *role models*, stars de cinéma ou de la musique ou du sport, comme Zidane, Beckham ou Kidman…

Ils se méfient du collectif (et en cela manifestent une attitude collective), à commencer par les systèmes politiques, les modèles « macro » ; ils se défient des autorités, qu'elles soient paternelles, institutionnelles, religieuses, syndicales, militaires ou scolaires. Ils incarnent la crise des systèmes de représentation, celle de la légitimité des élites et des médiateurs institutionnalisés. Ils ne reconnaissent pas l'autorité de leurs représentants actuels (trop loin, trop abstraits, mais aussi trop vieux, trop masculins, trop blancs…) et font confiance à l'individu, mesure de toute chose. (On connaît ce phénomène depuis longtemps mais il demeure le socle de leurs attitudes).

En déplaçant ainsi le curseur du collectif à l'individuel, du sociétal au particulier, des autorités instituées à la légitimité de chacun, la société postmoderne a, depuis 30 ans, accouché de libertés et de tolérances nouvelles, mais aussi de défis inédits comme celui, excitant mais anxiogène, de devoir se forger sa place quand celle-ci est moins directement dictée par l'ordre social, et de s'adapter à un environnement de plus en plus incertain, fluctuant, mobile, sans balises ni modèle.

Du citoyen au client

Les référents ont radicalement changé : l'axe cardinal qu'était le politique est devenu celui de l'économie.

Là où les baby-boomers se concevaient comme des militants, leurs enfants se comportent en sympathisants des marques de la société de consommation.

Là où le politique faisait la loi, l'économie domine. Là où les États nationaux étaient puissants, les entreprises mondiales débordent des frontières. Là où les enjeux de l'emploi étaient gouvernés par les enjeux nationaux politique, ils dépendent de plus en plus du marché mondial. La société de consommation est devenue ainsi le « terrain de jeu » commun.

En un peu plus d'une génération, elle s'est démocratisée, étendue, diversifiée et individualisée.

Dans les années soixante, c'est la quantité qui compte : les baby-boomers profitent de l'accès en masse à la consommation alimentaire et aux biens d'équipement. Cette démocratisation fonctionne alors comme une sorte de programme politique que signe la naissance emblématique des hypermarchés : donner à tous l'accès aux biens. Dans les années soixante-dix, à la quantité s'ajoutera une qualité déclinée par niveau de prix. Avec les années quatre-vingt, c'est le choix qui va primer pour répondre à la croissance des classes moyennes et à la diversité de leurs styles de vie. Et, depuis les années quatre-vingt-dix, c'est la logique personnelle qui sert de référence aux fils des baby-boomers, qui entendent consommer selon leurs désirs : « *Où je veux, quand je veux, si je veux… parce que je le vaux bien.* » (L'Oréal).

L'individualisation n'est pourtant pas récente !

Mais qu'y a-t-il de nouveau ? *Enjeux les Échos* du 1er juillet 2005 (n° 215) met à la une son dossier « Moi, d'abord » ; *Le Figaro Magazine* du 29 octobre 2005 fait aussi sa une sur : « 30 ans, génération : et moi, et moi », Myspace.com en deux ans a surpassé Ebay, AOL et Google pour devenir le troisième site le plus visité[1]. Partout résonne l'hymne à l'individu, comme premier signe générationnel !

---

1. En termes de pages vues selon l'institut Com score Media Metrix, dans *Libération*, « Myspace à moi », du 14 décembre 2005, enquête de Ludivic Blecher, Aurélien Lalanne, Laurent Mauriac et Gilles Wallon.

Pourtant le phénomène est loin d'être récent[1] : il a cinq siècles !

L'individualisation n'est ni un effet de mode ni une tendance éphémère mais le fondement de notre société. Celui de la liberté et des droits de l'homme, celui aussi du romantisme, celui du libre arbitre… Et si l'individualisation se renforce encore depuis 20 ans, c'est par la convergence de cinq évolutions démographiques, sociologiques et économiques :

1. Les foyers solos ont augmenté avec l'élévation de l'âge moyen des mariages et celle de la naissance du premier enfant après les études – vers 29 ans, avec aussi la probabilité accrue de redevenir célibataire, le taux de divorces atteignant dans les grandes villes un couple sur trois ; avec enfin, l'augmentation de la précarité qui conduit à ce que certains qualifient d'« adulescence ».

2. L'autonomisation des modes de vie s'est aussi accélérée au sein de chaque foyer. Chacun y vit à son rythme. Les rituels collectifs des repas peu à peu délaissés, les prises alimentaires erratiques obéissent aux horaires et modes de vie décalés. L'espace de la maison s'est décentralisé en bulles personnelles.

3. Le système de valeurs a suivi la démographie et la sociologie avec la progression de l'individualisme. Celui-ci encourage l'épanouissement de soi et la liberté d'inventer

---

1. Se forger un destin individuel est, en effet, la marque caractéristique de la modernité. Quant à la forme de l'individu multifacettes, elle a déjà plus de 20 ans. Christopher Lasch décrivait à cette époque « le complexe de Narcisse ». Et, dans *Et moi, émoi* en 1986, nous analysions déjà la montée de l'individualisme, ses manifestations psychologiques positives et négatives et ses implications pour le marketing et la communication.

sa vie, mais exige aussi une plus grande responsabilisation. La société postmoderne édictant moins de rituels collectifs pour conduire sa vie laisse en effet chacun seul pour se créer ses propres normes[1]. Et le nouveau Narcisse *« moins amoureux de son image qu'en quête de son identité, recherche dans le miroir du regard des autres l'approbation de ses propres conduites »*[2]. **Il n'est donc pas replié sur lui-même** et son je/jeu narcissique mêle ainsi :

- un individualisme « positif » qui incite à l'autonomie et à une tolérance accrue (chacun peut choisir entre mariage, pacs, union homosexuelle et/ou divorce), encourage le désir d'être acteur de sa vie et l'expérimentation de modes de vie alternatifs,

- un individualisme plus « négatif » et anxiogène qui exige de savoir filtrer ce qui est bon pour soi. Et si chacun clame son désir d'être soi-même, comment être sûr de l'être ou de le devenir ? Par fidélité à une identité passée ou par l'exploration de nouvelles facettes ? Par introspection ou confrontation ? Par alliance ou par défi ? Par osmose avec ses pairs ou au contraire avec l'Autre ? Ces interrogations, classiques à l'adolescence, s'éternisent dans notre monde incertain qui démultiplie les moments et occasions de choix.

« Devenez vous-même » est l'injonction dominante mais épuisante, si finement analysée par Alain Ehrenberg[3]. La *« fatigue d'être soi »* pèse sur la nouvelle génération qui ne connaît ni le soutien des balises sociales de ses

---

1. Pascale Weil, *Et moi, émoi*, Éditions d'Organisation, 1986.
2. *Idem.*
3. Alain Ehrenberg, *La fatigue d'être soi*, Odile Jacob, 1998.

parents, ni la mémoire de codes collectifs… qu'elle n'a jamais connus. Si les baby-boomers avaient vécu l'excès de normes, leurs enfants sont confrontés à l'injonction inverse de devoir inventer leur singularité, au prix parfois d'une augmentation du mal être, de la prise d'anxiolithiques, ou de conduites addictives et *boarder line*. **Mais le narcissisme n'est pas l'égoïsme** : depuis longtemps, les psychiatres s'inquiètent au contraire du manque de structuration de l'ego qui conduit à toutes les formes d'expérimentations, y compris les plus violentes car Narcisse a besoin du regard des autres pour se sentir exister.

4. L'individualisme s'est aussi renforcé par la personnalisation des produits, des marques : la fameuse « customisation de la consommation ». On se souvient que les baby-boomers arboraient leurs emblèmes de génération avec les shetlands, les kilts, se retrouvaient autour d'émissions culte (*Salut les copains, Europe 1*), et cherchaient plus à se distinguer de leurs parents qu'entre eux ; alors que leurs enfants mettent un point d'honneur à être reconnus dans leur singularité et à dérouter qui chercherait à les cataloguer. Les marques rivalisent d'ingéniosité pour les accompagner, personnaliser leurs gammes et leur offre, selon les goûts, usages et moments de consommation. C'est évident dans la mode mais une marque de shampooing, aussi, peut se décliner pour chaque type de cheveux (black, caucasien, asiatique), chaque caractéristique (secs, gras, fins, épais, fourchus, difficiles à coiffer, permanentés…), chaque envie (les lisser, les boucler, les friser), chaque besoin (de coloration, de balayage, permanentés ou non), chaque ambiance (dans des salons aux ambiances relaxées, toniques,

expertes) ! L'uniformité de la production industrielle est peu à peu masquée par la customisation de diagnostics préalables – en cosmétique –, de services sur mesure – sur le net –, d'options individuelles à monter en kit. Certaines marques demandent à leurs clients de mettre la main à la pâte : MORGAN propose ainsi un atelier pour personnaliser ses sacs. D'autres pour les décorer d'une photo. Le comble pour les baby-boomers de voir leurs enfants si excités de terminer le process de production !

5. Mais l'individualisation ne serait pas complète si elle ne s'accompagnait de médias et des technologies *one to one*. Telles des « prothèses personnelles », ils permettent de se brancher où l'on veut, quand on veut, auprès de qui on veut, en étant tour à tour émetteur et récepteur. Contrairement aux baby-boomers qui s'arrimaient à la radio ou la télévision, soumis à une diffusion *one to many*, leurs enfants optent pour les programmes *on demand* (via les magnétoscopes numériques et les iPod). Contrairement à leurs parents qui équipaient le foyer collectif (alimentation, voiture, mobilier), les fils ont la chance de s'équiper individuellement, en ordinateurs portables, téléphones mobiles. Mais, ce faisant, ils inversent aussi le rapport de force : c'est désormais le récepteur-émetteur qui fait loi et non plus le fabricant ou le média. **C'est le « moi » qui prend l'initiative du « nous ».**

Ainsi l'individualisation, caractéristique de la modernité depuis 500 ans, s'est non seulement épanouie avec la personnalisation de la consommation et des médias mais a inversé le rapport de force entre l'individu et les institutions.

Et le marketing ? Il s'organise autour des produits et services de l'égosphère

Le marketing est le thermomètre de ces évolutions du politique vers l'économique et du collectif à l'individuel.

Si les baby-boomers avaient confiance en leur pouvoir de citoyen, leurs enfants l'ont en leur pouvoir de client.

Les premiers s'affirmaient par leur référence collective au politique, les seconds par leurs choix individuels de consommation et leurs modes de vie. C'est par la citoyenneté économique qu'ils se sentent exister : les marques leur servant littéralement de « passeport » social.

Quand le sujet-objet ultime de la consommation est devenu soi-même, ce que l'on consomme *in fine*, c'est son propre plaisir, son expérience, sa liberté à choix multiples, ses connexions à volonté.

C'est pourquoi, malgré l'apparent désordre de cette profusion, on peut tenter de dresser une cartographie de l'« égosphère », en deux méga-secteurs :

* le méga-secteur du Bio, du personnel, qui comprend l'alimentation, l'hygiène, la forme, la santé, la mode et décrit l'hémisphère du rapport à soi et à son corps,
* et le méga-secteur de la Tech qui inclut transports, technologie, médias et décrit l'hémisphère du rapport au monde.

Le marketing et la communication gravitent autour de cette égosphère : ils vantent moins la quête d'un statut social ou la progression dans la hiérarchie de la société

qu'ils n'ouvrent un chemin initiatique pour se connaître, accéder au bien-être, découvrir de nouvelles sensations ou de nouvelles saveurs.

Les marques conjuguent ainsi le moi, le self et l'ego sur tous les tons : *self-achievement, self-esteem, self-service, self-interest, ego-style, égonomie, me brand…* Car que consomme-t-on… si ce n'est du changement de soi, de l'auto-transformation, de l'expérience, du clonage virtuel ? Et de là, un monde à sa mesure, comme le propose Hugo Boss : « *Votre parfum, vos règles du jeu.* »

Quand le « moi » est devenu la nouvelle frontière à explorer, la consommation n'est plus une fin en soi mais un vecteur d'investigation.

Et comme chacun est digne d'une telle expédition vers son *well being,* son *wellness* et la confiance en soi, la consommation prend alors une nouvelle dimension symbolique.

C'est dans cet espace personnel que, même sous contraintes économiques, chacun se sent le plus maître et libre d'opérer ses choix.

Du pouvoir de voter au pouvoir d'acheter

Le pouvoir de voter cher aux baby-boomers a ainsi été remplacé par le pouvoir d'acheter de leurs enfants. Non que ce dernier n'ait pas toujours été important, mais qu'il soit devenu l'axe cardinal du symbolique.

C'est désormais en clients plus qu'en électeurs que les fils des baby-boomers vivent leur pouvoir, celui de slalomer dans la consommation, de se faire désirer par les marques, de négocier au prix fort leur fidélité en menaçant d'appartenances multiples mais furtives. C'est en clients qu'ils ressentent ce pouvoir quand ils recherchent la meilleure information sur le net, choisissent leurs produits, évitent les files d'attentes, ou donnent leur avis.

Ils ont, en effet, pratiqué ce pouvoir d'acheter dès l'enfance : ils ont très tôt disposé d'argent de poche, mais ont aussi été prescripteurs de produits qui les concernaient (céréales, desserts, vêtements, jouets, équipement de sport), ou les intéressaient (équipement technologique du foyer). Ils ont aussi recueilli de l'argent pour leur anniversaire, et par leur travail. Experts en consommation, ils allient « lucidité et ludicité » en faisant des marques leurs compagnons de route, leurs signes de reconnaissance, dont ils exigent en retour singularité, qualité, innovation, choix et service.

Quant à la publicité, ils en ont une vision différente de celle de leurs parents. Les baby-boomers épiloguaient volontiers sur son caractère politique, les risques de sa persuasion, sa partialité ontologique ou ses éventuelles dérives, et s'en méfiaient comme d'un langage secondaire, dérivé, aux messages mercantiles, presque tabous. Leurs enfants, eux, la prennent pour ce qu'elle est : un langage *commercial* dont ils décortiquent les codes. Ils l'aiment mais, en connaisseurs, savent se montrer très critiques, tant sur sa quantité que sa médiocrité : ils apprécient la publicité qui les divertit, les comprend et les informe, mais n'en sont pas dupes : elle est là pour vendre. Y compris sur le net où elle se développe très rapidement.

Aussi portent-ils sur elle moins un jugement politique ou moral qu'un jugement de clients-experts et de spectateurs avertis, satisfaits ou déçus autour d'un pacte implicite :

- *Ton objectif est que j'achète mais je ne suis pas ta chose, je suis un être humain. Traite-moi avec respect.*
- *Ne me fais pas l'article : amuse-moi, aie la politesse de l'humour et ne me dis pas que le produit est bon.*
- *Sois imaginatif et étonne-moi.*
- *Ne me mime pas, ne me caricature pas dans tes publicités, ce serait montrer que tu ne me comprends pas.*
- *Ne triche pas, ne mens pas.*
- *Sois toi-même, ouvre-moi ton âme.*
- *La qualité de ta publicité sera la preuve de ton attention à mon égard.*

*

* *

Tel est le socle de leurs différences : les baby-boomers ont vu leur monde et leurs valeurs se déplacer du collectif à l'individuel, d'une appartenance de génération à l'affirmation des singularités, du politique à l'économique et du citoyen au client.

Loin des projets de société et des « macro-boussoles », leurs enfants recentrés sur le « micro-individuel » visent leur « légende personnelle »[1], revendiquant d'être les seuls juges de leurs conduites dans un monde où chacun édicte ses propres codes.

Soumis à l'injonction paradoxale d'être plus libres dans une société qui offre plus de choix mais aussi plus responsables de définir leur place dans cette société, ils font davantage confiance à leur pouvoir de client que de citoyen : c'est par la citoyenneté économique qu'ils traduisent leur appartenance.

La télévision l'a compris qui propose à chacun d'inventer sa vie : *C'est mon choix* et, comme chacun a le sien, *Ça se discute*[2]. Et la consommation aussi qui s'est affinée en modèles personnalisés et en communications *one to one*.

Mais le déclin des modèles politiques collectifs au profit des choix économiques individuels pose un défi : la société plus centrifuge laisse un vide béant et le besoin impérieux de recréer du sens, pour la collectivité comme pour chacun, pour la nation comme pour l'entreprise. De recréer un sens partagé, et une symbolique (*sun bolein* : réunir) qui redéfinisse l'image que la société entend se donner d'elle-même.

---

1. Paulo Coelho, *L'Alchimiste*, Anne Carrière, 1994.
2. Émission de Jean-Luc Delarue.

CHAPITRE 2

Du père aux pairs

De l'autorité verticale aux références horizontales

Dans les années 1970, la société pyramidale obéit à un modèle d'autorité hiérarchique et centralisé.

La société est structurée verticalement autour d'élites politiques, économiques, intellectuelles et culturelles comme autant d'avant-gardes. Hiérarchique, elle présente des classes sociales marquées aux codes distinctifs (Pierre Bourdieu[1]) et, si elle incite à gravir l'échelle sociale, les camps entre bourgeois et classe ouvrière sont tranchés. Autoritaire, elle obéit à des institutions qui font figure de représentant paternel, centralisées jusqu'au sommet où siège l'État, figure symbolique du Père, auquel on doit obéissance.

---

1. Pierre Bourdieu, *La distinction, Critique sociale du jugement*, Minuit, 1979.

Comme le disait déjà La Bruyère en 1688, « *nommer un Roi Père du Peuple est moins faire son éloge que l'appeler par son nom ou faire sa définition* »[1].

Mais ce modèle pyramidal à l'autorité verticale va, sous l'impulsion des baby-boomers, se transformer tant physiquement que psychologiquement.

La première raison est démographique : les baby-boomers, explique David K. Foot[2], arrivés en masse à l'âge adulte, n'ayant pu trouver leur place dans l'étroit profil pyramidal, ont provoqué un modèle plus ouvert, plus horizontal, capable d'accueillir en nombre leur nouvelle cohorte.

La deuxième raison est économique : ces mêmes baby-boomers ont eu la chance avec les Trente Glorieuses de connaître le développement des classes moyennes et l'émergence d'un modèle matriciel où vont coexister plusieurs modes de vie à un même niveau social.

La troisième raison est psychologique : la croissance et l'accès à une consommation de masse créent les conditions d'un appel d'air et d'une révolution des esprits. En 68, les baby-boomers vont déboulonner les figures d'autorité, destituer la figure du Père, descendre la statue du Commandeur de son piédestal et condamner dans la foulée tous diktats hiérarchiques.

En somme, défier le modèle patriarcal et verticalisé du « chef de famille ».

---

1. *Les Caractères*, V, « Du souverain ou de la République », 27 (VIII), cité par Michel Schneider dans *Big Mother, Psychopathologie de la vie politique*, Odile Jacob, 2002.
2. David K. Foot, *Entre le boom et l'écho*, Boréal, coll. « Infopresse », 1996.

Du père aux pairs

La famille change alors de profil : moins centralisée autour de l'autorité de son chef, elle s'étale à l'horizontale et se ramifie au gré des amis, des beaux-pères ou belles-mères… des pères aux pairs. L'obéissance dont les femmes se sont aussi affranchies est désormais suspectée de soumission, au moment où chacun écoute davantage un désir auquel la psychanalyse a donné droit de cité. Les femmes, qui vivent la révolution sexuelle et leur indépendance financière, testent leur nouvelle liberté et prennent l'initiative des divorces.

Le rapport à l'autorité évolue : dans les familles monoparentales, les enfants connaissent moins l'autorité car la mère au travail, rongée de culpabilité, a moins à cœur de faire preuve de discipline. Et dans les autres, l'autorité engage deux copilotes qui rivalisent souvent de séduction et où se substitue au modèle paternel celui de la mixité.

Le curseur de l'autorité se déplace aussi dans le couple. Des couples qui n'ont, dans l'histoire, jamais dû vivre aussi longtemps ensemble : hier, Marie vivait avec Pierre dix ans, puis les guerres, les famines et les maladies emportaient l'un ou l'autre. Les couples pauvres connaissaient peu de tête à tête dans les métairies. Quant aux nobles, les conjoints vivaient souvent à des lieues l'un de l'autre. C'est avec le XIXe et le début du XXe siècle que la durée de vie commune s'allonge mais sous la seule autorité du mari. Soixante-huit créera au couple un nouveau défi : celui de vivre ensemble plusieurs décennies et de réussir à la fois un équilibre conjugal et le fondement d'une famille avec une répartition plus égalitaire de l'autorité.

Les règles du jeu de ce co-pilotage entre pairs restent à inventer chaque jour.

À l'autorité unique du chef de famille se substitue la complexité des négociations entre pairs : c'est à chaque couple d'en fixer les limites et de répondre à des questions qui ne se sont jamais posées. Chacun bricole son petit modèle expérimental, dans l'incomparable liberté des modes de vie, mais aussi dans le désarroi de devoir inventer les règles de cette mixité : qui doit céder, voire se sacrifier lors des changements professionnels de l'un des partenaires ?

Le passage de l'autorité verticale du chef de famille à la co-responsabilité horizontale n'est pas achevé : non seulement les taches ménagères restent souvent l'apanage des femmes mais les mentalités ne se sont pas défaites totalement du modèle précédent.

Ce modèle, androcentrique, reposait sur une classification sexuelle où :

- Les *hommes* avaient pour fonction d'arpenter le territoire pour chasser, rapporter de la nourriture et conquérir des terres nouvelles. Ils régnaient sur *l'espace*, la *sphère professionnelle et publique* et continuent aujourd'hui d'arpenter le monde pour une autre chasse et conquête : celle de l'information ou des parts de marchés.

- Les *femmes* avaient pour fonction de régner sur *le temps*, l'éducation, la protection des enfants et étaient chargées de la gestion de la *sphère privée et de la transmission*. Et on les retrouve encore, dans tous les pays d'Europe, davantage présentes dans les métiers de l'enseignement ou de la santé, dans des rôles traditionnels de mères nourricières, bienfaitrices et protectrices.

L'évolution du Père aux pairs remet en cause cette classification qui n'est pas une simple répartition des rôles, mais une hiérarchie entre hommes et femmes. Était, en effet, connoté comme masculin et premier ce qui était lié à la *force physique*, et féminin et secondaire ce qui était *physiquement faible*. Était assimilé au masculin ce qui était *acquis* par la confrontation au monde extérieur et à la sphère publique, et au féminin ce qui était *inné*, intangible, propre à la nature et à l'instinct. Masculin ce qui était de l'ordre de la *culture* et féminin ce qui était de l'ordre de la *nature*. En somme, masculine la place *centrale et dominante*, et féminine la place d'accompagnement, *décentralisée*, voire « ex-centrique ».

Malgré les évolutions incontestables, cette représentation simpliste et sexiste n'est pas éteinte : nombreux sont ceux qui prennent prétexte de la différence homme/femme pour justifier une absence d'égalité. Qui ne conçoivent la différence que dans la hiérarchie. Ou qui s'appuient sur ces différences pour organiser un monde dont la répartition des rôles reposerait sur un ordre « naturel ».

Aussi, quand la mixité avance, lentement, elle n'est pas une revanche, mais un rééquilibrage. Et quand Laurence Parisot, présidente du MEDEF, marque son arrivée en s'entourant d'une *girl team*, Laurence Danon[1] doit décoder : *« Elle ne féminise pas, elle rééquilibre, entre les hommes et les femmes, certes, mais aussi entre les générations et les secteurs d'activité. »* Et quand des femmes « d'exception » se réunissent à Deauville pour porter leur regard sur les problèmes de société,

---

1. Laurence Danon dans « La Girl team de Parisot », article d'Anne Sophie Jarrige, *Le Point*, 17 novembre 2005.

qu'Angela Merckel devient chancelière en Allemagne et Michelle Bachelet, présidente du Chili, on insiste encore sur leur caractère pionnier, sur leur exemplarité ou leur exception, comme si elles devaient encore prouver qu'elles font aussi bien que les hommes. Quant à toutes les autres, elles aspirent, en femmes « normales », simplement à équilibrer leur vie. Ce qui est déjà un exploit.

Mais ont-elles donné, à cette génération, les clés de leur évolution aux hommes ?

Le désarroi des Pères

Les baby-boomers-hommes n'ont, en effet, pas eu la dernière version du « mode d'emploi » et ont souvent perçu cette évolution comme une remise en cause de leur identité. Ils ont vu leurs « territoires réservés » être « envahis » par les femmes au travail et se sont sentis bousculés dans leurs modèles : ils ont craint, soit d'être traités de machos, soit de perdre leur virilité. Et on les a vus tenter les rôles de « nouveaux pères, si tendres », d'hommes Peter Pan, lisses et fluets, de métrosexuels ou d'ubersexuels… (autant de dénominations qui traduisent leur flottement identitaire).

Mais il y a maldonne : les femmes n'attendaient pas qu'ils démissionnent. Seulement à être reconnues comme leurs égales. Elles ne visaient pas le modèle américain de la guerre des sexes, mais un nouvel équilibre. Au point de dire souvent : « Où sont les vrais hommes ? »

Si les baby-boomers ont fait sauter le modèle pyramidal, masculin, au profit de « figures » horizontales, plurielles

et co-pilotées entre pairs, ils n'ont pas toujours trouvé les modalités de ce co-pilotage.

L'égalité n'est pas l'identité : être « égaux » ne signifie pas être « identiques »

Aussi faut-il rappeler que plus la mixité progresse, plus hommes et femmes ont besoin d'une différenciation symbolique des rôles dans les jeux de séduction.

D'où la remasculinisation et la reféminisation actuelles. D'où le retour des limites, de la virilité et de la féminité.

Les hommes de 25-35 ans, qui ont connu la mixité à l'école, n'ont pas vécu la culpabilité de leurs aînés. Eux hésitent moins à manifester leur masculinité, parfois avec humour, mais aussi avec machisme, alors qu'ils sont davantage sollicités dans leur vie privée à partager les responsabilités[1].

Les valeurs masculines, y compris les valeurs guerrières de violence, reprennent du « poil de la bête ». Et pas seulement dans les banlieues. Dans un monde de tensions plus importantes, les qualités du résistant, du *survivor*, du rebelle, du « dur à cuire », sont à nouveau valorisées, redonnant à certains attributs classiques masculins leur actualité, sinon leur retour en « grâce », du moins en « force ».

Dans la consommation, la démarcation sexuelle se voit à l'attrait pour les 4 X 4, les tenues de « combat », les « kits de

---

1. Le machisme a progressé chez les 25-35 ans et semble trouver des formes plus agressives encore dans la génération qui suit.

survie ». Dans la cosmétique aussi, les hommes de 20-30 ans réclament des produits performants et conçus pour leurs propres besoins, ainsi qu'un langage et des codes spécifiques qui ne les exposent pas au soupçon d'homosexualité. En publicité, aux métrosexuels et autres Peter Pan se substituent des hommes virils et poilus. Le coupé Peugeot 407 joue ainsi sur la rivalité des sexes en lançant à des femmes investies dans les métiers d'hommes son avertissement : *« Les hommes sont de retour ! »*

Si le modèle androcentrique des baby-boomers a perdu de son autorité, et si la mixité progresse, l'égalité n'est pas l'identité. Cela ne veut pas dire que les frontières sexuelles s'effacent mais qu'elles s'affichent autrement pour la nouvelle génération.

De la maison centralisée au camp de base multipolaire

Le déclin de l'autorité patriarcale trouve aussi sa traduction dans la maison par un mouvement de décentralisation. Hier organisée et rythmée par la vie du chef de famille, la maison montre désormais un visage plus démocratique où se juxtaposent les mondes de chacun.

Elle est devenue un *camp de base* où chacun mène sa vie, une *station multipolaire* où chacun déploie son autonomie de repas, ses rythmes de sorties et d'activités et ressemble à une ruche alvéolaire.

Elle est, en effet, moins orchestrée autour du « foyer » central : la table de salle à manger ou… l'écran de télévision devant lequel trônait, majestueux, le fauteuil du *paterfami-*

lias, mais décentralisée autour des divers écrans, ordinateurs ou consoles de jeux qui dessinent les pôles de la maison.

Les pièces de l'autorité, pièces nobles et « masculines » du chef de famille, sont concurrencées par les pièces plus intimes, « féminines », du soin et de la créativité : la salle de bain est ainsi revalorisée comme espace du ressourcement. Quant à la cuisine, elle est devenue lieu de l'authenticité (des gestes d'antan retrouvés comme des rituels sacrés), mais aussi laboratoire de créativité de haute technologie.

Le nouvel ordre domestique rééquilibre ainsi les fonctions dites « masculines » autour de la convergence technologique de la connexion au monde et les fonctions « féminines » autour du soin et de la santé et reproduit une répartition apparemment[1] bien traditionnelle, au sein de l'Égosphère.

Métaphore de toute la société, la maison hier dessinée autour de l'autorité centrale du chef de famille est devenue un espace multipolaire obéissant aux modes de vie et « bulles » de chacun, espace qui revalorise les fonctions hier dévolues aux femmes et rééquilibre la répartition sexuelle entre pièces « techno-sèches » et « bio-humides ».

De la hiérarchie aux connexions *peer to peer :* sur le modèle du net

Le passage de l'autorité des Pères aux pairs se traduit enfin dans les circuits d'information. La crédibilité n'est plus

---

1. Mais les hommes ont désormais leur place à la salle de bain et à la cuisine et les femmes devant l'ordinateur.

associée à la forme de l'information descendante, mais horizontale des connexions entre pairs, *peer to peer*, des jeux en réseaux, des initiatives de la base. Celle interactive du bruissement qui se propage : le *buzz*. Celle de l'internet qui ne laisse pas seulement son empreinte mais devient la matrice, la métaphore et le modèle des 25-35 ans. Celle des portables, des téléphones mobiles, des SMS aux MSN, celle de la relation latérale, entre pairs, et de la connexion permanente, décentralisée, souterraine, et silencieuse. Celle du *peer to peer*, du réseau : *"It's not what you know, it's who you know."*[1]

Ce modèle *peer to peer* inverse le sens des peurs : autant les baby-boomers craignaient, dans la société pyramidale, la propagande et la mainmise de l'information par la télévision (et ses messages « descendants » d'une élite vers la masse), autant craint-on davantage aujourd'hui la propagation et la contagion virale[2], et l'absence de contrôle des informations circulant sur l'internet, de pairs à pairs.

Et le marketing ? *Street*, *buzz*, interactif, relationnel

Le marketing a accompagné le mouvement : il est passé d'un modèle paternel, autoritaire, descendant, à un modèle horizontal, interactif et relationnel. Il reposait hier sur une représentation hiérarchique et statutaire, dans une logique aspirationnelle et guerrier, il « visait une cible » : le consom-

---

1. Paul Arden, *Vous pouvez être ce que vous voulez être*, Phaïdon, 2004.
2. Toute la sémantique de l'internet est celle de l'exploration de l'inconnu et, avec elle, la peur des virus, des maladies, des pirates…

mateur. Son vocabulaire militaire parlait d'objectifs, de stratégies de conquête, de défense de territoire, de cibles, d'impact, de moyens tactiques, de plans de campagne, à l'image de la guerre économique des entreprises. Les baby-boomers lisaient Sun Tse, *L'art de la guerre*[1], et adaptaient ses stratégies militaires à leurs affaires, mêlaient les drapeaux des armées aux logos des marques, et faisaient du panache de leurs campagnes des mobilisations générales.

Leurs fils pratiquent un marketing bien différent. S'il s'agit toujours d'en faire une arme contre les concurrents, eux ne songent plus à « viser » les clients comme s'ils les ajustaient dans la lunette de leur fusil, mais à les inciter à se connecter. Notamment quand la connexion se fait à l'initiative des clients.

Leur marketing s'inspire plutôt, toutes proportions gardées des modèles des missionnaires pour nourrir la foi des fidèles et convertir de nouveaux adeptes. À quoi ? Aux marques présentées comme des mondes porteurs de missions, de professions de foi, de valeurs. Comme APPLE qui affichait sa « mission évangélique » de la diffusion de l'ordinateur personnel.

Eux opèrent dans la logique *peer to peer*, par cooptation, avec mots de passe, rébus et indices comme un jeu en réseau. Ils ont abandonné un marketing fondé sur le seul statut social pour un marketing fondé sur le désir, étant moins attachés à la position sociale qu'à la reconnaissance entre pairs et à ses signes. La rue a ainsi imposé ses codes *trendy*. Le *street marketing* en est la preuve.

---

1. David Rogers, *Les stratégies militaires appliquées aux affaires*, First 1988 ; Sun Tse, *L'art de la guerre, in L'Anthologie mondiale de la stratégie*, Robert Laffont, 1990.

C'est ce que ce qui est désirable qui est devenu statutaire et non l'inverse. Le désir n'est plus systématiquement indexé à la position sociale. Aussi une marque de luxe peut-elle, malgré son statut, ne plus être désirable et une marque de moyenne gamme jouir, *a contrario,* d'un fort atout de désirabilité.

Ainsi, le marketing des baby-boomers qui accompagnait la hiérarchie sociale a évolué vers un modèle relationnel, horizontal et interactif, accompagnant le déclin de l'autorité des Pères pour la séduction et la connexion des pairs.

Il a trouvé avec le net son chevalier servant, son outil de prédilection et son langage naturel : celui de la contagion des conseils d'amis, de la propagation virale immédiate et mondiale. Il n'attendait que lui pour concrétiser dans ces liens *peer to peer,* les « communautés » organisées autour des centres d'intérêts, de la musique, du sport… et il a permis aux marques d'offrir aux internautes des espaces où parler de leurs désirs ou de leurs avis sur les produits, l'innovation, les services, les magasins. Autant d'informations utiles au *buzz marketing,* ce bruit que fait la rumeur quand elle court. Nous y reviendrons dans le marketing des communautés.

*

* *

Le paradoxe des baby-boomers est d'avoir été élevés dans une société respectueuse des autorités, structurée autour du Père et de son modèle androcentrique, et d'avoir promu la liberté d'une société postmoderne, multipolaire, matricielle et alvéolaire des pairs où se juxtaposent les modes de vie. Générations inversées entre celle qui a souffert d'excès d'autorité (*Vipère au poing*, roman d'Hervé Bazin), et celle qui pâtit de son déficit.

Mais partout, après les brouillages de codes, les mixités mal assumées, les confusions des genres, ce sont les démarcations, les frontières, les ordonnancements, voire les hiérarchies qui sont à nouveau à l'œuvre : on voit surgir les tentations d'autorités, en politique bien sûr, mais aussi à l'école, dans la famille et à la télévision (*Le pensionnat de Chavagnes*, *Super-Nanny* sur M6). On voit le cinéma regorger de questionnements sur la paternité : *Broken Flowers* de Jim Jarmusch, 2005 ; *Don't come Knocking* de Wim Wenders, 2005 ; *Kingdom of Heaven* de Ridley Scott, 2005. On voit le rééquilibrage vers la mixité ne pas conduire à une confusion des genres, mais à la réaffirmation des rôles sexuels.

CHAPITRE 3

De l'objectivité aux subjectivités

De la quête d'objectivité au « vécu »

En perdant sa foi dans les normes collectives, la société a aussi vu se modifier sa quête de vérité et d'objectivité. Pour la nouvelle génération, c'est l'expression des subjectivités qui fait autorité.

Les médias exposent ainsi regards et points de vue : plus qu'une analyse, ils restituent un vécu et accordent plus de place, voire de crédit, au témoignage qu'à la réflexion, au direct qu'à la prise de distance. Ici, ils prélèvent un échantillon de réel chez les « vrais gens », là, isolent les petites phrases d'une interview, ici encore épinglent Pierre, Paul ou Jacques sur une photo émouvante.

L'essai littéraire se mue en point de vue ; les témoignages personnels affluent, les écrivains publics recueillent les récits privés, conférant à chacun son *« quart d'heure de célébrité mondiale »* (Andy Warhol). Le vécu est hissé au rang de valeur et, si possible, le vécu le plus intime : *La vie sexuelle de Catherine M.*[1] de Catherine Millet s'est ainsi vendue à plus de 100 000 exemplaires.

La société postmoderne a remplacé l'objectif par le subjectif, l'analyse par les sensations. « Ça, c'est du vécu » est devenu le parangon du jugement.

La psychologisation a transformé la vie publique en scènes privées

Les récits des subjectivités ont peu à peu remplacé l'exposition des faits.

En politique, on étudie moins les stratégies que les motivations des hommes, moins les actes que les personnalités, moins les résultats que les images, moins le programme électoral que le candidat, son allure, son caractère, son énergie ou sa vie personnelle. Rumeurs et vie privée sont projetées sur le devant de la scène, sans recul : *« obscène »*, dirait Jean Baudrillard[2].

Au cinéma aussi, on se familiarise moins avec le style et la manière de peindre de Rembrandt, de Picasso ou de

---

1. Catherine Millet, *La vie sexuelle de Catherine M.*, Le Seuil, 2001.
2. Obscène est un des mots de passe de Jean Baudrillard (Jean Baudrillard, *Mots de passe*, Pauvert, 2000, ouvrage établi à partir d'un film conçu par Leslie F. Grunberg et réalisé par Pierre Bourgeois. Même si *« bien sûr, scène et obscène n'ont pas la même étymologie, le rapprochement est tentant. […] Car dès qu'il y a scène, il y a regard et distance, jeu et altérité. Le spectacle a partie liée avec la scène. […] Dans l'obscénité, il y a plus de scène, de jeu, la distance du regard s'efface. Prenons le pornographique : il est clair qu'on a là le corps tout entier réalisé. Peut-être la définition de l'obscénité serait-elle alors le devenir réel, absolument réel de ce qui jusque-là était métaphorisé… »*).

Toulouse-Lautrec qu'avec la psychologie du premier, la vie amoureuse du second ou la turbulence du troisième. Leur œuvre, leur style, tout est lu au prisme de leur psychologie. Se multiplient les films à la première personne dont la « caméra subjective » propose à chacun de prendre la place du cameraman, celle du voyeur devant un monde qu'il veut exhibitionniste.

La vie économique est filtrée au prisme du portrait de ses dirigeants, héros dont on traque l'histoire personnelle, les combats intimes ou les *hobbies,* comme l'origine de leurs succès. De ces aventures, on suit les épisodes comme les étapes initiatiques du Monopoly mondial dans des feuilletons à suspense. Avec femmes, enfants et animaux domestiques, histoire d'humaniser ces nouveaux « maîtres du monde ». Car derrière la fonction, disent les médias, il y a l'homme. Derrière les chiffres, un cœur qui bat. Derrière la star, quelqu'un comme vous et moi, n'est-ce pas ?

Les médias transmutent ainsi tout événement public en scène privée, autour de héros politiques ou économiques, incitant à les « juger »… à l'émotion.

Sur le net aussi, on peut exposer sa vie par webcams et blogs interposés. La subjectivité s'exhibe. Le désir de rendre public ce qui était privé s'affiche partout. Un désir qui oscille entre nombrilisme et appel au secours, car partager avec l'autre une vie dans ce qu'elle a de plus ordinaire rassure sur sa propre banalité.

Dans les *reality-shows*, enfin, chacun peut devenir un instant un héros du quotidien ! Les *reality-shows* placent un personnage ordinaire dans des conditions extraordinaires et le laissent réaliser le fantasme de devenir, l'espace d'un instant, un héros. Ils offrent à chacun le miroir des médias pour se sentir exister dans le regard des autres. Même de manière éphémère ou virtuelle. On demandera au héros d'incarner un thème : *Le Bachelor* ou *Greg le millionnaire* parlent de l'argent dans les relations de couple, *Koh-lanta* des épreuves et des risques, *L'île de la tentation* de la jalousie, *Star Academy* de l'effort de l'apprentissage et de la compétition. Tous intègrent l'intervention du *fatum*, chœur antique joué par le public. Tous adressent le même message : que chacun peut avoir son instant de célébrité, accomplir son destin de héros et faire d'un morceau de sa vie une petite œuvre d'art et qu'il est de sa responsabilité d'y parvenir ou d'échouer.

Comme les jeux du cirque, les *reality-shows* conjuguent la scénarisation de la compétition, l'intervention du public comme *deus ex machina*, et répètent la « *doxa* démocratique » : convaincre que les destins individuels restent ouverts à tous les possibles. Jeux du cirque, ils en ont aussi la violence quand ils invitent le public aux sélections et dénonciations qui permettent de gagner : car seul le résultat compte.

Quand l'analyse cède le pas au témoignage en direct

Si les baby-boomers trouvaient de la valeur dans le recul de l'analyse, aujourd'hui, c'est la proximité subjective qui fait foi. Avec un allié de taille, le « direct », que les médias affichent comme s'il en allait de la noblesse de leur métier.

Pourtant, le témoignage en *live* de trois passants, en Ukraine, en Tchétchénie ou en Irak, pris « au hasard », vaut-il davantage qu'une analyse en profondeur ? L'ingéniosité technique du direct, *coûte que coûte*, aide-t-elle à mieux comprendre ? Pas sûr. Mais à mieux toucher les sensibilités ? Certainement.

Les impératifs de diffusion entravent toute velléité d'analyse ou de contrôle de l'information et les professionnels eux-mêmes s'en inquiètent. Sylvain Attal, ancien présentateur du journal de la chaîne d'information LCI, disait à la Sorbonne[1] qu'un journaliste envoyé dans un pays devait, une heure après son arrivée à l'hôtel, communiquer son papier. Pressé par le temps, il en était parfois réduit à consulter l'AFP et à se fier à l'opinion du chauffeur de taxi qui l'avait accompagné de l'aéroport à son hôtel. À son grand regret, sa subjectivité l'emportait sur l'analyse. L'obsession du direct est-elle un gage de qualité et d'objectivité ? Non. Mais d'émotion, oui.

Jean-Paul II et la mort en direct. L'objectivité appelait évidemment à suivre l'événement. Mais c'est sous un angle subjectif que les médias ont transformé le Pape en héros. Figure emblématique, ce pape a toujours su tisser avec eux une relation spectaculaire (il avait été homme de théâtre) parcourant la planète de JMJ en JMJ (Journées mondiales de la jeunesse), rassemblant des foules innombrables, parvenant à susciter l'émotion de ceux-là mêmes qui en critiquaient le message : notamment sur la vie privée, le mariage des prêtres, l'homosexualité ou le préservatif.

---

1. Colloque de la Cité de la réussite, octobre 2002, organisé par Sylvain Kern. Le journaliste Ryszard Kapuscinski relate une expérience comparable.

Mais les médias n'ont-ils pas joué un rôle de voyeur devant l'agonie de Jean-Paul II ? Son image, seule, est devenue son message : le lent déclin physique et la douleur médiatisés ont créé une relation à la fois forte et proche où Jean-Paul II apparaissait comme une « simple » personne âgée, émouvante, suscitant une proximité compassionnelle[1].

Mais quel était le véritable sens de la ferveur au moment de sa mort ? La relation émotionnelle pour l'homme l'emportait-elle sur le message ou était-ce précisément cette relation qui était le message, à en croire Paul Watzlawick[2]. Cette communion était-elle autre chose qu'un paroxysme émotionnel qui s'est dilué après l'événement ? L'alliance entre le sacré et le médiatique a-t-elle creusé un sillon de long terme, ramenant les catholiques dans les églises et les ouvrant aux autres, ou créé un « spectaculaire événement », un engouement compassionnel, sans être payé d'engagement auprès des nécessiteux ? Chacun a été ému, mais qui a donné ?

Et s'il était plus que légitime que les médias couvrissent l'événement, jusqu'où aller, au moment de la mort, sans verser dans un goût malsain (au même titre que les automobilistes ralentissent pour « mieux voir » un accident) ?

La subjectivité devenue aimable

Ce culte de la subjectivité est récent. Il n'avait pas bonne presse à l'école des baby-boomers. N'apprenait-on pas, jusque dans les années soixante-dix, qu'il était aussi prétentieux

---

1. Analyse confirmée par Mediascopie dans son analyse sur le Pape.
2. Paul Watzlawick, Le langage du changement, Le Seuil, coll. « Points », 1980.

qu'indécent de personnaliser une rédaction : le « je » y était proscrit, comme partial, partiel et égoïste.

Or, aujourd'hui l'école aussi passe du « on » au « je » quand elle encourage les collégiens à rédiger leurs « mémoires ». Les prépare-t-elle aux normes de la vie médiatique et à leur quart d'heure de célébrité ?

Mais surtout, à quoi mènent ces « jeux du je » : à chercher le même ou à s'ouvrir aux autres ?

Les 25-35 ans excellent dans l'expression diverse de leur subjectivité. Ils multiplient les pseudos, les adresses e-mail, comme autant de facettes d'eux-mêmes. Mais leurs jeux du je sont-ils la preuve d'une ouverture aux autres ? À rechercher des partenaires sur les thèmes qui les passionnent déjà, ils pianotent sur ce qu'ils apprécient, se confinent dans un registre fusionnel, jouent en circuit clos, recherchent « le même », leurs doubles, ceux qui, comme eux, aiment la photo, la généalogie ou le kayak. En se dirigeant vers ce qui leur plaît, ils cèdent autant au plaisir du connu qu'à la régression du familier, et plongent dans le miroir d'eux-mêmes au risque d'une mort narcissique. Ce choix que leur offre la Toile, en font-ils un terrain d'exploration de l'altérité ou de réassurance du même ?

De la quête du vrai… à la crédibilité des subjectivités

Le culte de la subjectivité donne aussi un statut supérieur au « crédible » sur le « vrai ». À la quête de Vérité, la subjectivité substitue une diversité des croyances mêlées dans un syncrétisme personnel, en « self-service ».

Dans la société postmoderne, chacun parle en son nom, mais personne ne peut prétendre avoir raison.

Sans autorité transcendante, sans espoir de Vérité avec un grand V, toutes les croyances, toutes les notions sont candidates au rang de valeurs, dans une relativité généralisée. À la quête de Vérité des modernes, à la fois louable, naïve et parfois dogmatique, s'est substituée la prolifération des vraisemblables, des crédibles. Le mot-clé, « à chacun sa vérité »[1], à chacun d'inventer son panthéon, à chacun de raconter son histoire, sa mémoire… avec ses « trous ».

… À la nouvelle légitimation de la vérité : sans médiation, sans filtre

Ce changement est si important qu'émerge un nouveau contrat de légitimation de la vérité.

En effet, alors que les baby-boomers, dans leur quête d'objectivité, faisaient confiance à la médiation des journalistes pour investiguer, croiser les informations et vérifier les sources et qu'ils voyaient dans ce devoir d'expertise un gage de professionnalisme ; leurs fils préfèrent accorder leur confiance à la confrontation directe des paroles et contre-paroles, à la rencontre directe des hommes politiques avec les citoyens, comme sur les blogs.

La « vérité » leur semble plus atteignable dans les échanges entre « pairs » que dans la délégation aux autorités : spécialistes, élites ou experts.

La quête du vrai s'exprime comme le désir de supprimer le filtre et l'écran de la médiation : ce même filtre qui était,

---

1. Luigi Pirandello, *Chacun sa vérité* (1917), Gallimard, 1950.

hier, un gage de professionnalisme et une source de crédibilité, est désormais perçu comme un écran qui entrave une transparence hissée au rang d'idéal. Vive le « sans filtre ».

… Aux infos « un peu vraies » sur le net

Sur le net sans quête de vérité, l'information n'est-elle pas de plus en plus perçue comme « un peu vraie » ? Sans source identifiée parfois, ni garantie sur la qualité de l'information, l'internet devient l'espace rêvé et naturel des rumeurs. Il entérine à l'échelle planétaire un nouveau registre, celui des informations « *un peu vraies* », selon un contrat de lecture qui ne veut pas systématiquement duper mais délivrer, sur un mode ludique, une « information » comme une citation, vraie ou inventée, une rumeur ou une opinion. Et plus l'information paraît incroyable, et plus elle a de chances d'être retransmise, avec un sourire en coin. Raconter une histoire, tout en suggérant que ce sont peut-être « des histoires » est un registre qui fait des adeptes : le magazine *Voici* publie des informations sur les *people* qualifiées de « vraies à 30-40 % ou 70 % », condamnant à l'impuissance ceux qui auraient l'envie de se plaindre.

… Au genre mixte du docufiction

Subjectivité entérinée aussi par la valorisation de la fiction. Hier les baby-boomers choisissaient la forme du documentaire pour tenter d'« objectiver » leur propos, de prendre de la distance et de minimiser, dans une démarche scientifique, l'intervention du sujet. Ils considéraient volontiers la fiction comme un arrangement avec le réel, un divertissement indigne de servir la pédagogie. Dans les années soixante-dix, les partis de gauche réclamaient ainsi plus de « reportages » sur les métiers ou les régions, plus de prises sur la réalité[1].

Aujourd'hui, la subjectivité de la fiction est devenue le canal privilégié du récit, le moyen de « toucher » les émotions du public, y compris pour le familiariser avec des œuvres classiques. Y compris sur les sujets les plus graves.

On se souvient du débat passionné et houleux entre les partisans « modernes » de la diffusion du documentaire *Shoah* de Claude Lanzmann[2] et les défenseurs « postmodernes » des fictions comme *La liste de Schindler* de Steven Spielberg[3] ou *La vie est belle* de Roberto Begnini[4] pour savoir quel était le moyen le plus juste de transmettre la mémoire de l'holocauste. Même débat chez Jorge Semprun[5] dans *L'écriture ou la vie*, quand il s'interrogeait au camp sur les moyens de transmettre son expérience de prisonnier et qu'il devinait déjà qu'il lui faudrait paradoxalement passer par l'« artifice » de la fiction littéraire pour tenter d'approcher la vérité.

Aujourd'hui, avec le genre mixte du docufiction, on accepte volontiers la reconstitution nécessairement hybride et subjective qui mêle archives et fiction sur des sujets aussi

---

1. Même si chacun savait que tout documentaire comprend un parti pris subjectif et toute fiction sa part d'objectivité.
2. En 1985.
3. En 1993.
4. En 1998.
5. Jorge Semprun, *L'écriture ou la vie*, Gallimard, 1994.

variés que l'attentat du Petit-Clamart contre le général de Gaulle[1], la problématique climatique ou Hiroshima[2]. Cela fait moins débat.

Subjectivité encore : des références aux préférences

Subjectivité encore quand il s'agit moins de transmettre des références que de mesurer des préférences. Les jeux « éducatifs » qui reposaient sur quelques connaissances académiques s'opposent à ceux qui, en connivence avec le public, peuvent aider à faire triompher les mauvais ligués contre les meilleurs (comme dans le *Maillon faible*).

Là où l'on célébrait la « qualité » d'un candidat, c'est la « quantité de public » qu'il convient de ne pas démoraliser. Là où la société moderne voulait, avec angélisme, partager ses références, ce sont les préférences du public que la société postmoderne recherche. Logiques inversées.

Sur le net aussi, Google joue l'algorithme de la préférence. Il s'agit moins de savoir si tel article fait référence que de considérer précisément que ce qui fait référence, c'est ce qui a attiré la préférence, d'où le choix d'un classement, fonction de la fréquentation : le succès va au succès et les leaders aux leaders.

---

1. TF 1, juin 2005.
2. Arte, août 2005.

La subjectivité, étalon « naturel » du marketing depuis 20 ans !

Évolution parallèle en marketing : ce qui fait référence est ce qui suscite la préférence. La subjectivité du client fait loi, sa satisfaction est sacrée, ses préférences auscultées, sa parole vénérée. On l'enregistre, on la dissèque comme dépositaire de la seule vérité : celle qui permet à l'entreprise de mieux s'adapter à son marché. Rien ne compte plus que « la perception » du client, ravi d'ailleurs d'être si bien considéré.

Cela fait 20 ans que cette subjectivité est la valeur cardinale de la publicité : « *Le style moi* » du PRINTEMPS, « *Plus je m'aime et plus je m'aime…* » de LEJABY invitaient déjà à ce vertige narcissique. Le vocabulaire traduisait ces dédoublements de personnalité où chacun se « faisait des plans ». C'était l'époque du « *Vous vous changez, changez de Kelton* », et de L'« *ironie du double exact* »[1]. Aujourd'hui encore, « choisissez votre style, exprimez vos passions, inventez votre vie, personnalisez votre coiffure, vos vêtements, votre maison, vos cartes de vœux. Soyez tous uniques ! » reste le parangon de la publicité : *"All different, each unique"*, résume L'ORÉAL PROFESSIONNEL. Depuis les années quatre-vingt-dix, les marques n'ont de cesse d'en appeler à la subjectivité comme LACOSTE, « *Exprimez votre style, soyez vous-même* », Calvin KLEIN *"Be yourself"* ou aux jeux du je : « *Il y a plus d'une vie dans la vie d'une femme* » (magazine *Avantages*).

Le règne des subjectivités est la règle du jeu du marketing.

---

1. Hector Obalk, « *Les mouvements de mode racontés aux parents* » Robert Laffont, 1984.

Qu'il serve la télévision, la politique ou les entreprises, le marketing vise à impliquer chaque destinataire, chaque spectateur, électeur ou client. Séduire, c'est captiver.

*

* *

Les baby-boomers trouvaient prétentieux de parler en leur nom personnel et se réfugiaient derrière des positions collectives : ils visaient la quête de vérité et d'objectivité et condamnaient la subjectivité comme arrogante, partielle, partiale et égoïste.

Leurs enfants choisissent, eux, le « je » comme seule posture possible, estimant que chacun doit parler en son nom. Ils se méfient de toute vérité unique et préfèrent des croyances multiples en self-service, qu'ils mêlent dans un syncrétisme personnel alliant profane et sacré.

Ils lisent la vie publique à l'aune de son « incarnation » dans la vie personnelle des hommes politiques et des chefs d'entreprise, hissés au rang de héros médiatiques.

Ils sont familiers du marketing de la personne qui vise la satisfaction du client-roi, son « je », ses *me brands* et ses technologies *one to one* et qui s'inscrit dans la logique subjective des préférences plus que des références.

Mais ce sont les mêmes qui cherchent désespérément les « vrais gens, les vrais lieux, les produits authentiques » comme si leur manque de confiance dans une Vérité unique les laissait orphelins de la réassurance qu'elle seule pourrait leur donner. Certes, les subjectivités ont apporté une plus grande tolérance mais leur ont laissé un goût de solitude et un sentiment d'incertitude.

Si toutes les subjectivités se valent, où est la vérité ?

Ce sont les mêmes qui se méfient des discours « langues de bois », qui ne supportent pas le mensonge et l'hypocrisie, et dont l'humour consiste volontiers à démasquer le *politically correct*. Les mêmes qui s'accommodent d'informations « un peu vraies » sur le net, mais qui légitiment comme seule digne de confiance, la parole sans intermédiaire, sans filtre. Les mêmes encore qui lancent ce défi de la vérité en « direct » aux autorités, institutions, entreprises, marques dont ils décodent les intentions.

CHAPITRE 4

« Je sens donc je suis »

Quand la raison cède aux émotions

Si chaque civilisation produit son système de représentation, la nôtre, depuis le Siècle des lumières, avait choisi la raison.

Elle en avait fait son axe cardinal, le symbole de sa lutte contre l'obscurantisme, le fondement de sa « foi » dans la science puis la source de la séparation de l'Église et de l'État. Elle avait hissé la raison à ce rang d'autorité, affirmant que si la croyance est particulière, la raison pouvait, elle, être générale, universelle et partagée. Ainsi l'analyse Alain Touraine[1] : « *Les citoyens sont libres quand ils n'obéissent qu'à eux-mêmes c'est-à-dire aux lois qu'ils se donnent d'un commun accord. Ces lois doivent donc être l'expression d'une volonté à la fois générale et raisonnable, car quand j'obéis à la raison et non à la croyance ou au préjugé, je n'obéis à personne. La croyance est particulière, la raison est universelle. Général et rationnel sont synonymes, mais le genre humain*

---

1. Alain Touraine, *Critique de la modernité*, Fayard, 1992.

étant doué de raison par nature, chaque individu peut avoir accès à la vérité, quelles que soient sa naissance ou sa fortune. L'ignorance est donc une servitude et le savoir positif libère, parce qu'il fait trait d'union entre la raison universelle et le libre arbitre individuel. » Vision partagée par les baby-boomers qui ont vu dans la raison, et non dans les passions, la meilleure source du vivre ensemble.

Mais la perception de la raison a changé : de « raisonnable » qui savait intégrer sa part d'émotion, la raison est devenue synonyme de froideur, de sécheresse et d'austérité. Ainsi réduite à sa caricature, la raison a laissé libre cours au retour du refoulé : et nous sommes passés, en une génération, de la valorisation de la raison au culte des émotions.

Adieu Descartes : « je sens donc je suis »

Le progrès n'a pas eu raison des croyances. Les baby-boomers guidés par les techno-sciences ne se sont pas débarrassés de la pensée magique. Le Progrès a apporté sa contribution incontestable dans le domaine de la santé, de l'industrie, des communications, mais n'a pas mécaniquement augmenté le niveau de bonheur (que certains économistes se mettent à mesurer comme un PNB). Il a même donné naissance, à la méfiance (Tchernobyl, OGM et *Frankenfood*) et à la peur de perdre le niveau de vie atteint.

Hier vécus comme d'emblée positifs, le progrès et la science sont devenus des notions ambivalentes. Ces sanctuaires de la raison sont désormais réinterrogés, dans un relativisme croissant, comme des fois parmi d'autres. Ainsi les États-Unis ont dû, un temps, présenter à équivalence les thèses créationnistes (le monde a été créé avec Adam et Ève) et darwinniennes !

La science, capable de répondre aux questions du « comment », est ontologiquement impuissante à répondre à celles du « pourquoi ». Et l'épopée prométhéenne du progrès qui a tenu lieu de mythe moderne aux baby-boomers ne sert plus de boussole à leurs enfants, en quête d'autres systèmes de sens.

La croyance religieuse est investie émotionnellement

Parmi ces systèmes de sens, les croyances religieuses. Si les baby-boomers s'affrontaient pour des raisons politiques, ce sont les sujets religieux qui sont cause d'oppositions, une génération plus tard.

Les religions sont réinvesties, parfois par bribes seulement, à plusieurs titres.

Elles sont redécouvertes comme repères identitaires, nourrissant un sentiment d'appartenance à une communauté, au moment où les récits politiques ne servent plus de repères et où sont rares les formes de communion.

Elles permettent aussi de se rattacher au passé et sont regardées comme des lieux symboliques de mémoire, des récits dépositaires de valeurs immémoriales, source d'une « sagesse ancestrale ».

Elles attirent comme des guides structurants grâce à leurs commandements moraux qui offrent un corpus de droits et devoirs précis et ordonnent le quotidien par une série de gestes ritualisés et rassurants.

Elles représentent un système de sens capable de faire contre-point au matérialisme, une autre raison d'être et un passage vers la spiritualité et le besoin de transcendance.

Mais surtout, elles sont ressenties comme un langage du cœur. Elles apportent des émotions à partager, des moments de socialité chaude, des psalmodies et des rituels, des « vibrations fusionnelles »… (Avec le risque de dérives à l'encontre ceux qui ne partagent pas les mêmes convictions). Il arrive parfois qu'elles soient plus sollicitées pour combler cette attente d'émotions, d'appartenance communautaire et de « vibrations » qu'étudiées avec soin et pratiquées avec tolérance et engagement vis-à-vis d'autrui.

Car elles aussi connaissent leurs formes d'individualisation et sont souvent moins suivies dans la cohérence de leur construction que picorées en un syncrétisme personnalisé. Comme dans la consommation, oserais-je dire, elles offrent divers niveaux de pratiques, avec « options », dans le rapport aux textes et aux pratiques.

Émotions aussi de la part des sectes qui font miroiter une meilleure confiance en soi et qui empruntent volontiers le discours de la gestion des « ressources et relations humaines » pour promettre une harmonie avec l'entourage privé ou professionnel. Elles se vendent comme guides de vie et ont récemment réussi à se légitimer[1]. Enfin, présentes sur le net, elles s'adaptent et investissent massivement dans le net.

---

1. Puisqu'on vient de mettre fin en juin 2005 à la liste noire des 172 sectes (annexée en 1995 dans un rapport d'une commission d'enquête parlementaire).

L'astrologie, enfin, reste omniprésente chez les 25-35 ans dans les magazines féminins, et les salons de la cartomancie ont pignon sur rue. Et il n'est plus tabou d'en parler : consultée de manière ludique, y compris chez les plus instruits, l'astrologie se présente comme un récit porteur de sens, qui permet à chacun de se relier à une cosmogonie, de se doter d'une explication du monde et, à défaut, d'une typologie de portraits. Le tout en se drapant des attributs de la science… mais avec de l'émotion.

Où l'émotion fait autorité

Pour les baby-boomers, seules certaines personnes comme les artistes avaient le droit de juger à l'émotion. Eux seuls pouvaient prétendre à une posture esthétique et auto-référencée de type : « Si cela me plaît, c'est bien et juste. »

Une génération plus tard, chacun revendique pourtant de « faire de sa vie une œuvre d'art ». Même les politiques, à qui l'on n'en demandait pas tant, se mettent à brandir leurs instincts comme mode de jugement : « *Moi, je raisonne à l'affectif* », déclare Roselyne Bachelot. Ils rivalisent d'histoires personnelles pour prouver qu'ils sont humains (!), participent aux émissions humoristiques pour rencontrer la France d'en bas. À vouloir prouver qu'ils ne sont pas de pures machines électorales, ils prêtent le flanc à tous les exhibitionnismes, érigeant le « charme télégénique » en qualité politique. Les révélations sur la vie privée tiennent le haut du pavé. L'*outing* est devenu un *must* et l'aveu, une stratégie de proximité ! Ainsi en 2002, Bernadette (Chirac) d'avouer sa vigilance car « *son mari a été très beau* » et Sylviane (Agacinsky) de nous raconter que « *dormir avec Lionel tous les soirs, c'est l'essentiel* ».

Où l'engagement est d'abord émotionnel

Si les baby-boomers justifiaient leurs comportements par la raison (parfois en post-rationalisant), les générations suivantes non seulement se fient à leurs émotions, mais revendiquent leur désir de communion fusionnelle.

« Je sens donc je suis » pourrait être leur devise.

En 2002, quand *VSD* a demandé à 502 jeunes de 18 à 24 ans[1] leurs personnalités préférées, Jean-Jacques Goldman est arrivé en tête avec 47 %, suivi de David Douillet avec 44 % ; Zinedine Zidane 39 % et Gérard Depardieu 28 %. Sœur Emmanuelle l'a emporté d'un point sur le premier homme politique… à l'époque Bernard Tapie (personnage pour le moins peu conventionnel) ! Ils démontrent leur attachement à des valeurs comme l'authenticité, l'empathie, l'être ensemble, au point que leur engagement politique ressemble plus à une défense émotionnelle « droit-de-l'hommiste » qu'à une analyse « froide » de la situation. « *Quand ils se rassemblent, c'est d'abord pour être ensemble, avant de s'interroger sur leur programme d'action* », analysait Marc-Olivier Padis[2].

Effusion émotionnelle aussi quand ils se disent prêts à s'engager dans de grandes causes : combattre la pauvreté, le racisme, la pollution. Le font-ils ? Certes, ils se sont mobilisés pour empêcher Le Pen de gagner le second tour mais peu s'investissent dans les partis politiques institués.

---

1. *VSD* du 28 mars 2002, Sondage Louis Harris par téléphone du 31 janvier au 5 février 2002.
2. Fondation Saint-Simon, 1999.

Alors que penser de ces effusions qui ne sont pas des engagements à long terme ? De ces bouffées momentanées qui ne sont pas des adhésions ? De ces indignations qui ne sont pas suivies d'un combat politique ? Autant de formes de réactions sociales, d'émotions éphémères et convulsives, de coagulations médiatiques, de violences aussi qui ne sont pas encore canalisées ou représentées.

Les 18-24 ans ne renient pas la société de consommation. Ils considèrent cette dernière comme un acquis qu'ils n'hésitent pas à critiquer et dans laquelle ils se décrivent comme une force dynamique (39 %), violente (37 %), réaliste (35 %), solidaire (33 %), individualiste (31 %), volontaire (24 %), désespérée (18 %) et idéaliste (15 %)[1]. Ils privilégient les causes dans lesquelles agir directement plutôt que les combats idéologiques dont ils ne voient pas les effets à court terme[2]. Ils s'affirment aux antipodes de leurs parents, guidés par le pragmatisme, le dynamisme et le résultat immédiat ou l'inquiétude.

Mais leur absence d'engagement politique visible ne signifie pas qu'ils approuvent. Ni eux, ni les 25-34 ans puisque ces derniers sont 61 % à éprouver de la sympathie pour les mouvements altermondialistes[3].

Une culture du désir et de l'émotion

Loin de viser la raison, les fils des baby-boomers font confiance à leur désir. Symboliquement, Mai 1968 date ce

---

1. Marketing Book 2001, d'après une étude de la Sofres.
2. Sondage Louis Harris, *VSD*, cité.
3. Sondage BVA du 12 décembre 2005 pour Terre Solidarité, en collaboration avec *Europe 1* et *Libération*.

passage de la culture rigoriste du besoin à la culture du désir. À son insu peut-être, Mai 68 a accouché des règles de vie libertaires propices au développement de la société de consommation. « Il est interdit d'interdire » a non seulement sonné le début de la révolution des mœurs mais rompu avec la discipline du besoin pour valoriser l'écoute des désirs… et libérer les esprits de la gêne à consommer plus. Le désir, rendu ni tabou ni coupable, pouvait ouvrir les bras à la société de consommation.

Depuis, c'est au nom du désir que les plus jeunes concentrent leurs modestes moyens aux achats impliquants. « *Les jeunes consomment de manière sélective et non fonctionnelle. La où l'adulte gère ses dépenses selon des critères utilitaires, les jeunes concentrent tous leurs moyens sur un type de produit avec lequel ils entretiennent un rapport affectif* », écrit Sonia Devillers[1]. Ce n'est pas un hasard si ce lien affectif s'applique en priorité aux marques de vêtements ou de portables, premiers passeports en l'attente d'une carte de visite professionnelle. Ce n'est pas un hasard si la « *règle d'or est d'acheter moins cher, ce qui permet d'acheter plus et d'optimiser son plaisir* »[2]. Ce n'est pas un hasard non plus si leurs marques conjuguent 4 critères émotionnels, les 4 E : l'Esthétique du design, l'Expérience en magasin et à l'usage, l'Émotion de

---

1. Sonia Devillers, « Les jeunes mettent les marques sous pression », *Le Figaro Économie*, 28 août 2002.

2. « *L'i-génération est sans cesse à la recherche des meilleures offres… ils sont 86 % à se servir d'internet pour comparer les prix d'un produit ou d'un service (56 % au moins une fois par mois).* » S'ils sont très attentifs aux offres promotionnelles, cette génération « *est ouverte à l'innovation 59 %, a besoin d'être surprise 75 % et craque fréquemment 54 % pour un achat imprévu* ». Étude conduite par Yahoo ! et Ipsos Observer sur un panel de 16 à 34 ans dans *CB News* du 23 mai 2005.

leur univers de communication et l'Économie du produit, comme première condition d'achat.

Le corps, vecteur de l'émotion, à qui on demande de dire le vrai

« Tout est suspect, sauf le corps et ses sensations », résume Valérie Lemercier[1]. Dans cette valorisation des émotions, le corps a reconquis ses lettres de noblesses : alors qu'il était pour les baby-boomers méprisé, caché ou meurtri par l'école ou les religions, relégué à un rôle subalterne, il est devenu le premier vecteur émotionnel, le langage de l'énergie et de la sexualité, l'expression de toute relation.

Non seulement il parle, mais on lui demande de dire le « vrai » ! C'est d'autant plus nouveau que la France se distinguait par une absence d'expression physique par rapport à des cultures où, par exemple, les hommes dansent. De *Star Academy* (TF1) au culte des sportifs, des massages zen au yoga, de la gymnastique à domicile à la danse, de la cosmétique à la santé, le corps est écouté, caressé, travaillé, profilé. Décrypté comme le langage de l'authenticité des émotions, il est devenu temple de vérité.

Même les technologies vendent de l'émotion plus que de la technique.

Elles se présentent comme un prolongement organique du corps dont l'usage et l'ergonomie suivent émotion et instinct. Les SMS permettent aux jeunes de renouer avec la

---

1. *Le Monde*, 10 août 2001.

magie des codes secrets et les mails ont créé une nouvelle catégorie épistolaire, celle des murmures intimes. Moins intrusifs qu'un coup de téléphone et moins officiels qu'une lettre, ils ne les exposent pas à un refus ou à un silence gêné et leur permettent de s'épancher, mais à distance, et de se dévoiler, mais sans risques. Ils s'approprient ainsi les NTIC de manière émotionnelle, instinctive, sans lire les modes d'emploi, en s'immergeant dans une langue nouvelle, avec une fluidité organique. AOL signe sa dernière campagne de publicité : « Vos émotions d'abord ».

Le quotient émotionnel sollicité par le management

L'entreprise aussi convoque les affects quand le **quotient émotionnel** rivalise avec le **quotient intellectuel**. Les salariés sont de plus en plus évalués sur des critères « émotionnels » comme leur capacité à réagir aux situations imprévues, à motiver leurs équipes, à transmettre leur énergie et à résister à la pression. Les parcours d'embauche accordent plus d'importance au charisme d'un candidat, à son *look* et à son aisance, dans une société d'emplois tertiaires où la présentation physique et l'empathie relationnelle sont des clés de succès professionnels. Avec, on le sait, les risques de discriminations sexistes ou racistes (qui ont conduit aux « CV anonymes »), ou à l'encontre des obèses.

Management des affects quand l'entreprise veut nourrir son *affectio societatis*, mobiliser ses troupes dans des week-ends de stimulation, ou se doter d'une image plus généreuse par le sponsoring, le mécénat ou une fondation. Management des affects encore, quand elle ressent le besoin, au-delà de ses objectifs quantitatifs, de révéler le sens de son activité et de préciser ses engagements. Elle qui, hier, se contentait de cultures implicites doit convaincre les trentenaires de la légitimité de son projet. Car *tombe-t-on seulement amoureux d'un taux de croissance ?* Dans la perspective de la relève massive prochaine, elle doit prendre en considération leurs attitudes vis-à-vis de l'entreprise, tant par la stimulation financière que la gratification, l'intérêt du travail que l'ambiance relationnelle. On sait les trentenaires particulièrement méfiants à l'égard de la langue de bois des institutions. Attentifs à ce que le « management par les valeurs » soit respecté et suivi d'effets. Attentifs aux risques de décalage entre la parole et les actes (comme le montre le film *Un rêve tchèque*[1]).

Affects enfin qui s'appliquent à la relation à l'État. Comme le rappelle Régis Debray[2] à propos de la raison : « *Il n'est de bonne raison sans affects. Le postulat : on ne fera respecter l'État qu'en faisant aimer la Patrie, la loi du Père prend effet par la Mère. L'État éducateur n'est pas voltairien, ni strictement rationaliste. Il sait mêler le récit au théorème, et le féminin au masculin, et s'il ne l'avait pas fait, les hussards noirs de la République n'auraient pas "tenu" en 1914. L'affect sans la loi, devise de l'État séducteur est aveugle, mais la loi sans l'affect*

---

1. Ce documentaire de Vit Klusāk et Filip Remundo (2004) analyse ce décalage entre les paroles et les actes. Il consiste à filmer les réactions des individus à l'annonce et la promesse de la création d'un hypermarché en Tchéquie… dont finalement seule la façade sera construite. Il analyse la manière dont la communication réalisée par des professionnels a pu conduire les individus à croire à ce rêve et se présente comme une métaphore pour dénoncer les mirages, les promesses, les paroles sans actes, tant économiques sur la société de consommation que politiques puisque le film se termine sur un parallèle avec le « mirage » des promesses sur l'Europe.
2. Régis Debray, *L'État séducteur,* Gallimard, 1993.

*serait manchote. La persuasion a deux modalités idéales :
convaincre et séduire ».* De fait, l'État ne compte plus seulement sur l'obéissance à la raison et à l'autorité de son *imperium* mais a recours à la communication pour faire adhérer l'opinion à ses décisions. Devant gérer les émotions du corps collectif, il s'expose au risque d'être encore davantage investi du rôle affectif et protecteur de Big Mother.[1]

L'émotion nourrie par la culture de l'image

Cette culture de l'émotion est renforcée par une culture de l'image dans laquelle est née la nouvelle génération. Chez elle, le « choc des photos » l'emporte sur le « poids des mots ».

L'image est son langage naturel qu'elle apprécie en experte autant qu'elle le décortique. Images, trucages, effets spéciaux, elle s'intéresse autant aux films qu'à leur *making-off*, autant à la qualité du résultat qu'aux prouesses de réalisation. La technologie de l'image s'y marie avec l'esthétique pour toucher, étonner, frapper le spectateur. Une image qui cible les sensations… et que les baby-boomers accusent de viser le sensationnel. « L'information » elle-même en dépend puisqu'elle ne devient information qu'accompagnée d'image. Même le terrorisme le sait.

11 septembre 2001. Les attaques sur le World Trade Center : les deux avions s'encastrent dans les Twin Towers. Pas un mot, pas de manifeste politique, pas de slogan, pas de texte. Mais l'image. L'événement en direct. L'image au-delà du réel : le terrorisme, dans le choix de ses modalités, nous a

---

1. Michel Schneider, *Big Mother, Psychopathologie de la vie politique, op. cit.*

renvoyé le miroir de notre société. Il a non seulement mené la guerre sur le terrain idéologique en attaquant le sol et les symboles américains mais a utilisé les médias en minutant, dans un atroce suspense, l'arrivée du second avion… devant un public qu'il savait rassemblé, croyant encore naïvement à un accident.

De la culture du texte à celle de l'image-texte

Cette culture de l'image a modifié le rapport au texte. La nouvelle génération ne supporte plus les livres où abondent les descriptions. Le texte doit être dialogue. Ce primat de l'image conduit à accorder plus de poids à un personnage qu'à ses positions, aux sens qu'au sens, à la perception émotionnelle qu'au jugement. Mais ce primat de l'image comporte une telle charge émotionnelle qu'il menace la raison : peut-on ainsi réduire la compréhension d'un affrontement aux seuls arrêts sur image ? Est-ce faire appel à la « raison » que de croire qu'il suffit d'établir une sorte de symétrie de l'horreur, ici la mort d'un enfant palestinien, là, le lynchage de deux soldats israéliens ? Ici une caricature de Mahomet, là, la dénégation de la Shoah ? Où résident la « raison » dans ces batailles d'images qui posent à équivalence tous les angles de vue ?

La culture de l'image nourrit aussi la culture de la victimisation. À juger à l'image et à l'émotion, on en vient à s'engager dans les « *enchères de la douleur* », selon Pascal Bruckner[1], à cautionner les stratégies victimaires et, pour prétendre avoir « raison », à se présenter comme victime.

---

1. Pascal Bruckner, *La tentation de l'innocence*, Grasset, 1995.

Mais a-t-on davantage raison parce qu'on a ému ? Parce qu'on a gagné la surenchère des cris et des larmes ? Parce que sur le vif, dans l'arrêt sur l'image, une équipe de télévision a capté la douleur ? A-t-on davantage raison parce que la souffrance est exposée à la caméra plutôt que vécue loin d'elle ? La cause est-elle plus juste si l'exposition des victimes est manifeste ? On peut en douter.

Mais cette culture de l'image est dominante dans la nouvelle génération qui sait que, pour rendre un sujet proche, intime et émouvant, il faut le filmer en gros plan, avoir la caméra attentive, aimante ou indignée.

De l'écriture linéaire à l'incrustation impressionniste

Changement de pensée aussi. Alors que les baby-boomers restent des enfants de la culture écrite, au déroulé linéaire et à la démonstration logique, la culture de l'image invite à une pensée impressionniste, analogique, procédant par touches.

Dans la presse, le texte est désormais traité « comme une image », morcelé en paragraphes, comme un bloc de signes à disposer esthétiquement sur fond de couleur. Il est devenu une incrustation et a perdu sa vertu ontologique, celle de devoir être lu de la première à la dernière ligne, comme un raisonnement logique, pour se présenter comme une légende à picorer.

Les 25-35 ans sont familiers de ce mode de lecture du texte qui touche les affects, par sa place, sa couleur, l'attrait de ses

accroches, ses entrées multiples, ses typographies différentes… Ils sont à l'aise avec cette *syntaxe synchronique*
proche des associations d'idées, alors que les baby-boomers
habitués aux narrations linéaires sont « déroutés » par ce
qu'ils considèrent comme une déstructuration de la pensée,
et prennent pour preuve que le traitement de texte et ses
« copier coller » ont peu à peu supprimé l'usage des mots
de liaison. *En procédant de plus en plus par juxtaposition de
mots clés* ou d'images, l'incrustation sporadique a remplacé
la narration articulée.

Le net conforte encore cette *structure impressionniste*. À la
pensée *analytique* se substitue une pensée *synthétique et
émotionnelle*, par juxtapositions et infiltrations. Dans ses
arborescences, elle abrite textes, vidéos, films ou musique,
déclenche un parcours personnalisé et invite aux rêveries
du navigateur. L'unité de mesure devient l'espace de l'écran
et non plus la longueur d'un article ou d'un livre[1].

Cette pensée impressionniste est d'autant plus développée
chez les moins de 35 ans qu'ils ont été élevés dans une
culture audiovisuelle et à l'école de la méthode globale de
lecture qui les a fâchés avec l'orthographe et l'ordonnancement linéaire des phrases. (D'où la décision le 9 décembre
2005 de Gilles de Robien, d'officialiser le rétablissement
de l'enseignement syllabique, le B.A-BA, et d'en espérer
l'acquisition d'une lecture plus aisée et d'une pensée structurée).

---

1. Le net reste l'outil de l'instant, au point qu'il se complète de magazine papier pour
   remplir d'autres fonctions, comme celle du recul de l'analyse. C'est le propos et
   l'objectif de Netizen.

Et le marketing ? Émotionnel et polysensoriel, il recycle les imaginaires connus

Le marketing a aussi évolué vers un langage plus émotionnel. Si à l'aube de la consommation, les baby-boomers privilégiaient les arguments fonctionnels sur les arguments esthétiques et relationnels, leurs enfants vivent dans une société de consommation mature qui a besoin de nouveaux leviers pour justifier le renouvellement des produits : car pourquoi consommer… si ce n'est pour un plaisir, un bien-être, une satisfaction ? Pour mieux vivre.

Le design, visuel comme sonore, est ainsi devenu un des meilleurs ambassadeurs de l'innovation et un levier décisif du désir. Le marketing olfactif est sollicité pour toucher le cerveau reptilien, le cerveau des émotions, stimuler l'appétence des produits, caractériser l'ambiance des magasins ou rassurer dans les espaces urbains (les parkings, par exemple, en diffusant des odeurs de propreté). Le marketing sollicite ainsi les cinq sens.

La publicité aussi joue sur l'émotion. Elle a appris des études cognitives que l'on aime ce que l'on connaît et que l'on retient mieux ce que l'on savait déjà. Or, son paradoxe est d'avoir à présenter une nouveauté au risque de perturber l'ordre mental ! Elle a donc intérêt à faire appel à des éléments familiers et rassurants pour familiariser avec cette information nouvelle. À faire partager un même bassin culturel par la marque et son public afin qu'ils se comprennent à demi-mot. Ce n'est pas un hasard si elle puise dans des imaginaires connus, use et détourne des stéréotypes, voire des clichés ou des jeux de mots. Ce n'est pas un hasard si elle a recours aux stars qui ont déjà une image, une aura, une réputation ou si elle emploie des musiques connues pour raviver la mémoire affective et rendre son message plus intime.

C'est en comptant sur cette mémoire émotionnelle partagée qu'elle revisite les contes de fées, recycle les mythes, les affects élémentaires, les archétypes, les péchés capitaux. Sinon, comment réussirait-elle à toucher, en quelques secondes, tant d'individus si différents, à créer une relation forte avec chacun d'entre eux, si ce n'était en mobilisant des affects et imageries préalables qu'elle rappelle à la mémoire vive par quelques signaux ?

Et quand elle s'adresse aux 25-35 ans, c'est sur ce mode émotionnel. Sans prétendre se substituer aux informations disponibles sur le net, auprès des vendeurs, sur les catalogues… elle les invite à partager l'univers émotionnel de la marque avec créativité, séduction et surprise. À leur donner envie d'interagir, avec ce que cela signifie de dimensions affectives, de « clins d'œil », de jeux de mots, de connivences, de sous-entendus… Autant d'émotions que les marques partagent avec eux. Les secteurs technologiques (l'automobile, l'électronique, la téléphonie, l'internet), ne s'y sont pas trompés qui ont quitté le registre rationnel de l'ingénieur, pour un mode relationnel et affectif.

*

* *

Les baby-boomers ont vu dans la raison le langage universel qui permettait de fonder un pacte social commun. Ils y ont vu un gage de modernité face à l'obscurantisme, un gage de confiance dans l'esprit et un gage d'espoir face aux passions. Mais leur vision cartésienne, réduite à une rationalité sèche et désincarnée, a conduit à une réhabilitation des émotions, des instincts, du désir et du corps.

Leurs enfants ont troqué le « je pense donc je suis » pour un « je sens donc je suis ». La « vibe » et les sensations ont valeur de vérité car, pour eux, on ne triche pas avec le corps. Ils vouent aux émotions un véritable culte, célébré par une culture de l'image qui imprime sa pensée impressionniste, destinée à l'implication plus qu'à la démonstration.

Mais ce langage émotionnel, passionnel s'avère un défi. Tant pour la société que pour l'entreprise.

L'émotion comme la passion peuvent-elles fonder un nouveau pacte partagé ? Crier sa joie, ses peurs, se défouler peut faire du bien mais apportent-ils le début d'une solution ? L'expression du corps peut-elle se substituer à l'articulation du langage ?

CHAPITRE 5

Du futur au présent

Changement de temporalité !

Chaque civilisation a son temps de prédilection.

Les sociétés « primitives » se caractérisent par leur fidélité au passé. Elles se consacrent à répéter les gestes des ancêtres, à honorer leur mémoire et à reproduire ainsi leur mythe fondateur. Jean-François Lyotard donne l'exemple des Cashinahuas qui psalmodient leur identité dans la répétition des mythes des Anciens : « *Nous sommes ce que nous sommes, des Cashinahuas.* »[1] Pour eux, la survie du groupe tient au respect absolu de sa tradition.

Les sociétés modernes, au contraire, sont tendues vers le futur. Elles se définissent par une vision à long terme, animées d'un « avenir radieux »[2]. C'est dans la promesse

---

1. Jean-François Lyotard, *La condition postmoderne, op. cit.*
2. Alexandre Zinoviev, *L'avenir radieux*, Le Seuil, coll. « Points », 1985.

d'un projet et « de lendemains qui chantent » qu'elles traduisent leur foi dans le Futur. C'est cette confiance dans le Progrès qui a animé l'Occident depuis 500 ans, qui a réussi à susciter les sacrifices des parents pour l'éducation de leurs enfants et permis, *in fine*, l'ascension sociale. Elle encore qui a fait rêver les baby-boomers au projet d'une « nouvelle société ».

La société postmoderne trouve, elle, sa référence dans le présent : tout se joue ici et maintenant. Après que le XXe siècle a terni ses « horizons radieux » de millions de morts, le doute s'est instauré : « *l'Histoire ne se dirige pas nécessairement vers un mieux* » (Kant). Le dogme fondateur du Progrès n'est plus perçu, d'emblée, comme une « pro-gression » car s'il a considérablement amélioré le bien-être et le confort matériel, il n'a pas profité à tous.

La société postmoderne est l'expression de ce désenchantement. Elle n'est plus tendue vers le futur mais a lâché *prise*. Oscillante, vibrante, elle a trouvé refuge dans le présent comme l'a précocement identifié Michel Maffesoli[1], et s'adonne à sa jouissance, quitte à se laisser rattraper par un passé qu'elle n'a plus de raison de mépriser. Pour Gilles Lipovetski[2], cette « *prééminence du présent s'est moins installée par défaut (de sens, de valeur, de projet historique) que par excès de biens, d'images et de sollicitations hédonistiques* », liant ainsi la postmodernité à la temporalité de la profusion plus qu'à un déficit.

---

1. Michel Maffesoli, *L'instant éternel. Le retour du tragique dans les sociétés postmodernes*, Denoël, 2000.
2. Gilles Lipovetski, *Les Temps hypermodernes*, Grasset, 2004.

Le futur n'est plus ce qu'il était
pour les baby-boomers : un mieux

Le présent est devenu le temps de référence non seulement parce que la société de consommation a donné le loisir d'en profiter mais aussi parce que le futur a changé de sens. Il n'est plus ce qu'il était : un espoir. Contrairement au futur des baby-boomers qui projetaient leur mythologie de la modernité dans l'an 2000 : « *Le futur d'aujourd'hui ? C'est tout de suite* », titrait en 2000 *L'Express*[1] : un tout de suite qui ne s'annonce plus comme une promesse pour tous mais comme une série de risques, notamment pour les plus démunis. « *Aux yeux des Français, le futur, c'est toujours l'an 2000… Plus on est diplômé, plus on est formel, le futur c'est tout de suite… Tout change désormais à toute vitesse… Sont optimistes ceux qui ont les moyens de canaliser le change-ment… Mais 32 % seulement pensent qu'ils seront les acteurs du changement. Les plus pessimistes étant les sans diplômes, les plus démunis, les ouvriers parce qu'ils sont en situation de subordination, et les femmes au foyer, privées de lien social et fragilisées par des médias peu flatteurs.* »

Demain ne sera pas meilleur qu'aujourd'hui.

Si chaque génération a psalmodié « de mon temps, c'était mieux », les baby-boomers n'ont pas préparé leurs enfants à vivre dans un monde dont ils dressent un tableau menaçant. Ils leur présentent la mondialisation comme une fresque sinistre, une chevauchée galopante et une course « fatale » à la rentabilité. Ils leur racontent, avec nostalgie, le temps

---

1. En date du 19 octobre 2000, commentaire de Stéphane Rozes du CSA.

du plein-emploi et de la libération sexuelle, egrènent les menaces d'affrontement Nord-Sud, ou les risques climatiques et sanitaires imputables aux hommes ! Ils leur assènent des diagnostics plus sévères les uns que les autres (Nicolas Baverez et sa *France qui tombe*[1]), les préviennent qu'ils auront à payer les intérêts des intérêts d'une dette abyssale, que leur retraite et leur santé requerront plus d'efforts pour maintenir un même niveau de protection alors qu'ils ont déjà du mal à trouver un emploi « stable ». Qu'ils n'auront pas la même chance qu'eux de connaître des modes de vie plus agréables que les générations précédentes.

Et l'on s'étonne que 75 % des 15-30 ans déclarent qu'ils « *aimeraient travailler dans la fonction publique s'ils en avaient l'opportunité* »[2].

À ce futur menaçant, trois réactions

À ce *no future*, les fils des baby-boomers opposent trois systèmes de riposte :

- **La régression « infantile ».** Elle consiste à paresser au seuil de l'enfance et à revisiter le passé à son gré. À cultiver, dans un monde dur, l'innocence de la régression, le désir d'insouciance, le besoin de tendresse, la nostalgie d'un paradis mythique. À se réfugier dans les souvenirs d'enfance (Chantal Goya et son lapin…), à glisser en trottinette ou mâchouiller des Chupa Chups… en se répétant que « *ce qui est agréable, c'est ce que font les petits* ». Voire à

---

1. Nicolas Baverez, *La France qui tombe*, Perrin, 2003.
2. Sondage Ipsos du 1er juin 2004 pour la *Gazette des communes* et *Le Monde*.

parler bébé (Robert Ebguy[1]). Ils aspirent moins à devenir grands qu'à rester innocents. Encore quelques minutes de jeunesse avant de plonger dans le monde des adultes ? Mais tous ne choisissent pas ce scénario.

- **L'évasion** est la deuxième réaction. Évasion dans le virtuel, dans les jeux, les fêtes, la magie de la technologie. Évasion aussi dans les addictions : la drogue, l'alcool, et les comportements anarchiques comme la boulimie… Évasion pour oublier les difficultés à s'inventer un avenir, à trouver un emploi, à forger une famille, évasion aussi pour échapper aux responsabilités, ne pas penser au lendemain, « lâcher prise », déguster l'instant.

- **L'adaptation** enfin. C'est évidemment le scénario le plus constructif. Sans « foi » dans le futur, ils se dessinent davantage un « trajet » qu'un « projet ». Sans « loi » du père, ils s'adaptent avec talent et opportunisme salutaire. « Sans foi, ni loi », ils sont plus flexibles, mobiles, agiles à saisir les opportunités.
Mais l'adaptation est ambivalente : positive, si elle décrit une sorte de perméabilité darwinienne aux mutations ; mais négative quand elle confine à la résignation, à la fatalité « du cours des choses ».

Une grande différence sépare ainsi les baby-boomers de leurs enfants. Les premiers se demandaient : « Comment modifier le réel pour qu'il ressemble au souhaitable ? » Les seconds répliquent : « Si ça marche, c'est bien. »

Futur à maîtriser ou auquel s'adapter ?

---

1. Robert Ebguy, *La France en culottes courtes*, Jean-Claude Lattès, 2002.

Les premiers voulaient domestiquer le futur. Les seconds l'envisagent comme une mer démontée qui exige de réduire la voilure, de rester disponibles, aux aguets, sans oser miser sur des projets à long terme.

La dictature du court terme, de la vitesse

L'obsession du présent… n'est pas sans risques.

Dans les entreprises, le pouls bat au rythme de la Bourse et de sa dictature du court terme. Le tempo des dirigeants est celui des fluctuations du cours, celui des entreprises ceux des *reportings* et résultats hebdomadaires, mensuels et trimestriels. Leur défi consiste à concilier les impératifs à très court terme des actionnaires, les choix stratégiques à long terme des managers, les projets des collaborateurs et les besoins des clients à moyen terme qui devraient être la priorité. Mais la pression du court terme de la Bourse menace les autres tempos de l'entreprise, tant dans sa performance que son identité.

Discordance de tempos en politique aussi où l'échéance électorale est souvent trop proche pour impulser un véritable changement et trop longue pour produire des effets immédiats.

Discordance de tempos entre le calendrier politique qui est sensé anticiper et le calendrier médiatique qui reste indexé à l'actualité, aux gestes et petites phrases.

Discordance aussi de ces deux calendriers avec celui des citoyens qui vivent au rythme des exigences du présent — leur emploi et leur pouvoir d'achat — et à celui, projeté, de l'avenir de leurs enfants.

Ce décalage de tempo entre les hommes politiques et le pays participe du discrédit envers le système de médiation.

Le tempo ADSL : « La vitesse vous manque ? »[1]

Question de tempo toujours, les deux générations ne vont pas à la même vitesse. Et ce n'est pas seulement une question d'âge !

La nouvelle génération ne supporte pas les attentes, les temps morts. Respirant au rythme des nouvelles technologies, elle zappe dès que le rythme ralentit. Élevée télécommande en main, elle se montre extrêmement agacée par la lenteur des décisions, des discours… des serveurs électroniques ou des procédures administratives. Elle a beaucoup de mal à se plier aux contingences du temps. Pas de promesses pour le lendemain. Des résultats tout de suite : on ne sait jamais.

Son vocabulaire raccourcit les mots, son langage électronique les condense. Habituée à abolir le temps et, avec l'ADSL, à tenir le monde à portée de clic, elle veut avoir accès à tout, tout de suite : si possible, avec en prime la promesse de *Star Trek*, la téléportation sur simple claquement de doigt.

Et le marketing ? La culture de l'immédiat

Le marketing aussi favorise le présent. Psychologiquement, il vise à satisfaire le désir au moment même où il émerge à la conscience. À raccourcir les délais entre les consommateurs-

---

1. Slogan de CEGETEL

rois et les produits ou services par une proximité, réelle ou virtuelle. « *La vie n'attend pas* », prévient le CETELEM. Le marketing vise une dépense instantanée en apportant au bon moment, au bon endroit, à qui de droit, les biens et services adéquats.

C'est pourquoi il privilégie les opérations aux rendements immédiats et évite les concours à moyen terme qui découragent les clients. Son temps de référence est l'immédiat, le court terme, le dilapidatoire… dont, ironiquement, il doit ensuite enrayer les effets pervers à grands renforts de stratégies de fidélisation. Car les clients, de plus en plus zappeurs, infidèles et curieux sont également moins prévisibles. Cette empreinte du présent est si forte que les soldes attestent de l'évaporation de la valeur : le même produit, d'un même créateur, peut perdre plus de 60 % en un an. Pour maintenir l'envie, les collections s'accélèrent et le rythme du *in/out* s'emballe. Les marques de mode renouvellent une partie de leurs collections tous les 15 jours, comme chez ZARA, pour stimuler un appétit qui risque de s'émousser. De même, les transports récompensent par des réductions de prix ceux qui anticipent ou ceux qui comblent à la dernière minute le plan de charge (Last minute.com).

Notre société préfère l'Espace de la mondialisation au Temps de la transmission

Mais dans l'ensemble, tout se passe comme si notre société préférait l'Espace au Temps, la mondialisation à l'héritage de l'Histoire et la projection dans le Futur. Comme si elle privilégiait le lien avec l'horizontalité de la planète au détriment de la verticalité du temps : elle opte pour la « globalisation », mais montre peu d'intérêt pour l'expérience, la transmission, la filiation.

La nouvelle génération le prouve. Elle vit sans passé. Happée par le présent, elle a troqué les « bilans et perspectives » pour « les faits et actions ». En clamant *no future*, elle ignore le sens de l'histoire et les mises en perspective du passé. Elle consomme des « arrêts sur images », mais sans analyse ni perspective, sans approche historique d'un fait, d'un peuple, d'une région : mais comment se situer dans le monde, sans connaissance de sa propre histoire ?

En s'affranchissant de la culture académique, elle a aussi rejeté l'expérience des siècles. Après les baby-boomers, l'enseignement des langues « mortes » a été abandonné, comme si la mémoire du passé devait être enterrée. Si l'anglais est indispensable pour naviguer dans la mondialisation, il ne devrait pas empêcher de savoir se situer dans le temps. Pourquoi passer par pertes et profit l'écho des hommes politiques, des auteurs, des philosophes, des artistes ou des religieux qui ont réfléchi dans le passé à la condition humaine ? Discours ringard ou nécesaire réhabilitation des sociologues, anthropologues et psychologues… pour saisir les évolutions ?

La génération spontanée

Ces changements dans le rapport au temps ont considérablement affecté la transmission générationnelle.

Les baby-boomers, tout au bonheur de leur émancipation, ont cru qu'offrir cette liberté à leurs enfants était le plus beau des cadeaux. Mais ils l'ont offert sans « sous-titre » et sans la responsabilité assortie. Résultat : leurs enfants l'ont reçue comme une évidence et non comme l'héritage d'un combat, sans réaliser qu'ils étaient dépositaires d'un legs précieux. Et parfois, même, en la percevant comme une sorte d'abandon ou manque d'attention.

Ce défaut de transmission a fini par donner aux 25-35 ans des allures de « génération spontanée ».

Méfiante en l'avenir et ignorante du passé, elle se perçoit comme venue de nulle part, sans origine ni filiation. Comme une génération « spontanée ». Non seulement elle se nourrit de spontanéité, d'émotions et de sensations mais elle aborde l'avenir, comme si elle avait tout à réinventer.

Génération spontanée qui a perdu la clé du futur et le « sens de l'Histoire ».

Génération spontanée dont le culte du présent s'oppose à la culture « classique » des baby-boomers qui cherchait à identifier dans les textes les mythes structurants intemporels. Dont la culture média-technologique actuelle est une culture de l'instant et de l'espace, sans histoire ni projet, sans sens.

Génération spontanée car la filiation n'a pas fonctionné, les baby-boomers n'ayant pas accompli leur devoir de mémoire et le passage de témoin par une mise en perspective de valeurs destinées bien sûr, à être détricotées, ensuite.

Génération spontanée quand la transmission du savoir aussi s'inverse et que les enfants deviennent les enseignants de leurs parents dans l'usage des médias et technologies.

Génération spontanée encore quand les mères tentent de ressembler à leurs filles et veulent arrêter le temps du vieillissement. Inversion de la lignée, du temps[1].

Génération spontanée toujours, née du legs des baby-boomers sous la forme d'une injonction paradoxale : « Désobéis-moi. Je suis ton parent et tu me dois obéissance mais, comme moi, tu dois te débarrasser de l'autorité parentale et me désobéir. »

« **Génération spontanée** » **qui flotte,** posée dans l'Espace, et perdue dans le Temps de la filiation.

Le retour du refoulé : le développement « durable » pour les générations futures

Se profile l'inévitable retour du refoulé, non seulement sous la forme de crispations identitaires (*cf.* chapitres 6 et 7) mais aussi sous celle, plus collective, du « développement durable ».

Chacun a davantage conscience du besoin de profiler le futur des ressources énergétiques quand les experts prévoient avec la hausse du prix du pétrole des scénarios qui vont jusqu'à réhabiliter les économies locales. Du besoin aussi d'inventer le futur de l'eau quand il devient l'enjeu majeur des frontières. Du besoin de répondre, collectivement, aux risques climatiques, au réchauffement de la planète, à Kyoto ou Montréal et, individuellement, par l'apprentissage d'une pratique responsable vis-à-vis des générations futures.

---

1. Comme le montre la publicité du « Comptoir des cotonniers ».

Le « développement durable », longtemps négligé comme un doux rêve d'écologiste, s'impose comme l'articulation des divers tempos de nos engagements, politiques, économiques, sociaux, éducatifs, humanitaires ou environnementaux.

L'Europe n'est pas seulement une géographie mais un projet dans le temps

L'Europe aussi devrait être regardée non seulement comme un espace géographique mais comme un projet dans le temps. Elle est *a priori* la New Frontier des 25-35 ans, son territoire naturel, son échelle d'appartenance légitime dans un monde multipolaire. Mais en a-t-on fait un projet dans le temps pour cette génération ou seulement une « zone » euro, un « espace » géographique, un enjeu d'élargissement ? Le référendum n'appelait pas seulement à prendre position dans l'Espace de l'Europe, mais dans le Temps d'un avenir commun. Et le « non » au traité constitutionnel européen est, de ce point de vue aussi, un échec.

Mais les élites ont-elles insisté sur ce projet temporel ? Ont-elles présenté l'Europe comme un moyen de mieux affronter le futur dans la mondialisation ? Ont-elles compris le décalage d'époque entre le projet européen des générations précédentes, bâti sur l'obsession de mettre fin à la guerre politique, et celui de la nouvelle génération qui doit, elle, répondre à l'obsession de la guerre économique ? Sans doute pas, puisque cette nouvelle génération n'a pas vu dans le traité un projet pour son futur. À ses yeux, la paix politique n'empêche pas la guerre économique. D'où son questionnement légitime sur la nature du projet européen : quelle Europe veut-on ? Avec quel modèle pour l'avenir ?

Ce débat n'a pas été l'objet préalable du référendum mais, par son absence même, a brouillé la lisibilité des réponses.

*

* *

Le temps des sociétés modernes était celui du projet, du futur désiré. Mais après la faillite des utopies futuristes, le temps de référence de la société postmoderne est devenu le présent du confort de la consommation et l'immédiateté de ses technologies.

Cigales plus que fourmis, les enfants des baby-boomers vivent dans l'instant, le direct, la vitesse et la hantise de l'attente ou de la lenteur qu'ils considèrent comme un résidu du passé.

Leur culture médiatique, aussi, scande, découpe, et préfère les arrêts sur image à la mise en perspective des événements.

Happés par *l'espace* de la mondialisation, ils parcourent davantage la planète que leur histoire et montrent peu d'ancrage dans *le temps* : ils n'ont ni été nourris du sens de l'histoire, ni de l'espoir du futur.

Mais n'est-ce pas aussi la responsabilité de leurs parents ?

Génération « spontanée », ils sont à la fois prompts à la réaction et dépourvus de l'héritage d'une transmission que les baby-boomers ne leur ont pas donnée. Et ce, d'autant plus que ce sont eux qui enseignent à leurs parents l'accès au monde technologique et leur servent de modèles, inversés. À force d'entendre « c'était mieux avant », ils cherchent moins à se projeter dans l'avenir qu'à s'adapter, au risque de sombrer parfois dans le fatalisme.

Mais qui prépare le futur ? Sans sens de l'histoire, sommes-nous condamnés à l'instant et l'instinct alors que les défis du développement durable nous somment, dans la société comme dans l'entreprise, de reprendre position dans le Temps du futur ?

Après la mondialisation, la « temporalisation » ?

CHAPITRE 6

Des devoirs aux droits

« Fais tes devoirs d'abord ! »

Les baby-boomers ont été élevés dans une tradition de devoirs et d'exigence à une époque de reconstruction. L'éducation consistait à « élever » au sens propre l'enfant, à le tirer vers le haut (*e-ducere*) pour atteindre un niveau de culture, d'aptitude et de savoir-être attendus d'un citoyen. On y vantait les valeurs du devoir et de l'apprentissage, des valeurs de bâtisseurs, et on s'intéressait en particulier aux formations d'ingénieurs. Non seulement, il fallait matériellement construire du « solide » mais psychologiquement compter sur des esprits rigoureux et disciplinés. C'est pourquoi l'éducation dictait sa hiérarchie : « Fais tes devoirs *d'abord*, tu auras droit de jouer *ensuite*. »

Cette priorité des devoirs sur les droits était autant valorisée dans la culture ouvrière que bourgeoise, à gauche qu'à droite. La morale du travail relayait la tradition religieuse : « Tu gagneras ta vie à la sueur de ton front » et entérinait une vision laborieuse où l'effort allait de pair avec l'obéissance pour mériter salaire et repos.

La chance des baby-boomers sera de tirer rapidement profit de leurs efforts en devenant la classe locomotive de la croissance : pendant les Trente Glorieuses, le pays, jeune, travaille, les classes moyennes se développent et bénéficient individuellement et collectivement de ce développement. Tous vont en profiter.

Aussi leurs enfants vont-ils trouver surannée une culture des devoirs en décalage avec la profusion de la consommation. « Pourquoi se sacrifier ? Faut-il perdre sa vie à la gagner ? » Il est temps, après les devoirs, d'accéder à de nouveaux droits : droit à la santé, droit à la culture, droits de l'enfant, droit des minorités, droit à un niveau de vie minimum. Droit à plus de plaisir…

Le plaisir : *must* et valeur salutaire

Le droit qui les distingue le plus de leurs parents est, en effet, le droit au plaisir. Sans culpabilité ni gêne.

Ni péché, ni même récompense, de valeur suspecte, le plaisir est devenu une valeur salutaire. Il n'est pas seulement le fondement de la société de consommation mais un droit, encouragé par les recommandations médicales et médiatiques qui en font la meilleure thérapie au stress. Plaisir du sport, plaisir du soin de soi, plaisir sexuel, plaisir des vacances, bien-être… le plaisir, légitimé par le nouveau clergé de la médecine, n'a plus à se justifier.

De valeur hier suspecte, il s'érige en valeur cardinale et taxe, *a contrario,* l'effort de connotations ringardes, masochistes, pour ne pas dire réactionnaires. Du devoir d'effort au droit au plaisir, les priorités s'inversent.

« L'effort est-il rentable ? » se demande la nouvelle génération. Non seulement, elle méprise l'effort laborieux qui manque « d'élégance » (il doit savoir se faire discret pour être gratifié) mais elle interroge la valeur de l'effort si elle peut moins compter sur ses résultats, si le chômage atteint les plus instruits et si, de plus, le stress est menaçant pour la santé.

En somme, elle juge moins l'effort sur un plan moral que sur son efficacité : en vaut-il la peine ? Avec quelle rentabilité ?

De fait, parents, instituteurs et employeurs sont bien embarrassés de lui garantir « l'intérêt » d'un investissement lourd… au moment même où ils l'alertent sur la nécessité de rester en éveil, de saisir les opportunités au cas où cet investissement ne serait pas payé en retour. Comment croire à l'effort quand le marché de l'emploi donne raison aux pistons et quand le système scolaire continue d'entériner la reproduction des élites ?

Enfin, quelle crédibilité les baby-boomers ont-ils à parler d'effort, eux qui ont bénéficié d'une époque particulièrement clémente ? Quelle crédibilité ont-ils, eux qui laissent un pays sur la défensive ?

Le devoir d'effort est plus que jamais sous conditions : il doit être choisi pour un but précis, motivé par un bénéfice personnel et légitimité par une rentabilité perceptible. Au point d'être plus attractif dans le sport ou les loisirs que dans la sphère professionnelle ! Économie oblige : **droits et devoirs sont passés au crible de l'analyse « coût/avantage ».**

Du devoir d'effort au droit au plaisir

Si l'école des baby-boomers concevait l'enseignement comme le devoir d'apprendre, l'école postmoderne se veut plus attentive au désir des élèves, considérant leur plaisir non comme une récompense mais une condition de l'efficacité : il faut susciter le plaisir de l'élève pour s'assurer de son envie d'étudier. L'élève n'a pas que des devoirs mais des droits qui incitent à adapter l'école, à respecter ses rythmes, à mieux tenir compte de ses origines, à ajuster l'enseignement des textes à son usage, à lui donner du plaisir pour le motiver.

Mais cette vision qui est loin d'être pratiquée a aussi ses limites.

Elle fait bondir ceux qui sont épris de l'idée que le plaisir de l'élève se trouve plus dans l'exigence que dans la complaisance (Georges Steiner)[1]. Elle suscite aussi la *nostalgie de l'autorité,* comme le prouvent l'augmentation des inscriptions d'élèves dans l'enseignement privé et les témoignages de psychiatres sur son action structurante. Et surtout, est-elle adaptée aux exigences d'aujourd'hui, où il faut souvent davantage d'efforts pour un résultat décroissant ? D'où le retournement de tendance d'une société qui a fait du plaisir sa valeur cardinale.

Dans l'entreprise aussi, la génération des 25-35 ans brandit ses droits. Après avoir connu un parcours du combattant pour trouver du travail, baladée de stage en CDD, elle ne veut pas être managée comme ses aînés. Elle est non seule-

---

1. Georges Steiner et Antoine Spire, *Barbarie de l'ignorance*, Les Bords de l'eau, 1998.

ment scrupuleusement attentive au respect *de ses droits* (de ses avantages, de ses jours de congés), mais sensible au plaisir qu'elle trouve dans son travail et au climat général de l'entreprise. Elle a besoin d'être soutenue par des progressions régulières et rapides et monnaye son investissement, en « comptabilisant » le droit au plaisir comme un facteur essentiel de ses choix professionnels. Certains n'hésitent pas à poser cartes sur table et exprimer leur volonté : choisir une entreprise de renom, travailler sur les grands comptes ou les clients visibles et poser leurs conditions sur les gratifications. Les plus jeunes aussi s'avèrent très susceptibles sur le respect de leurs droits, comme s'ils se sentaient particulièrement vulnérables. Net aidant, tous se servent de leurs réseaux pour se renseigner sur les entreprises et faire jouer leur pouvoir d'influence, *buzz* et rumeur à l'appui.

Comme clients aussi, ils font valoir leurs droits et n'hésitent pas à s'adresser aux services consommateurs, à renvoyer les produits, à initier des procédures judiciaires et à réclamer des dommages et intérêts.

Et le marketing ? Il propose le droit au plaisir, sans culpabilité

Le plaisir est la raison d'être de la consommation. Plaisir d'acheter, de consommer, de maîtriser, d'équiper sa maison. Plaisir des sens, expérience esthétique, sonore, olfactive… telle est la carte du Tendre du client-roi.

Le marketing a le même message : le droit au plaisir sans culpabilité. Non pas sans devoir puisqu'il faut payer. Mais sans culpabilité.

Ainsi, les produits *light* vantent le plaisir de la gourmandise, sans contrepartie. Appauvris en sucres ou en matières grasses, optimisés en termes de goût, ils ouvrent le droit au plaisir sans le devoir de faire du sport. Une publicité anglaise pour une marque de biscuits salés *(Go ahead)* a mis en scène une « police des matières grasses » dont la traque est systématiquement déjouée par les consommateurs qui se délectent : *I can't be cought for it* (« je ne peux pas être attrapé pour cela ») et sous-entendent « je ne suis pas coupable : j'ai droit au plaisir sans punition ».

Pourtant, le droit au plaisir renvoyait, hier, le marketing à la culpabilité liée à « la prostitution ».

Ne nous voilons pas la face. L'invitation au plaisir était, pour les baby-boomers, objet de railleries. « Tomber dans la satisfaction du grand public », « sombrer » dans la démagogie, « vulgariser » un texte ou une découverte ; « répondre à la demande » ou encore « c'est du marketing » renvoyaient à la « vulgarité » d'une opération commerciale.

Le vocabulaire associait le marketing à un mouvement qui « abaisse » par opposition à l'éducation qui, elle, « élève ». On l'accusait d'être le « courtisan » d'un client, d'une entreprise, d'une institution, de s'abaisser à répondre aux besoins vulgaires de la foule, d'accréditer les bas instincts, en somme, littéralement de « faire le trottoir », en apportant du plaisir !

Or, contrairement aux baby-boomers qui regardaient parfois le marketing comme une technique méprisable qui tutoyait le plaisir, la génération postmoderne n'a pas ces états d'âme et l'emploie comme un atout et une arme pour gagner des parts de marchés et d'images.

Éduquée à l'économie, elle sait que si le marketing sollicite le droit au plaisir, il est lui-même une discipline de devoir et qu'être « au service » des marques et entreprises ne veut pas dire être « servile ». Elle sait que les entreprises n'ont pas besoin de courtisans dociles qui leur renvoient leur propre opinion mais de véritables conseillers, avisés, dont elles peuvent mesurer la crédibilité à leur capacité à savoir dire « non » (mais à propos et avec les égards qui conviennent).

Elle sait que ce n'est pas en sondant les cœurs et les reins des consommateurs que se détectent les innovations, mais dans l'impulsion des laboratoires de recherche : ce ne sont pas les clients qui ont inventé le téléphone portable, l'ordinateur…

Elle pratique davantage un « marketing de l'offre » qu'un « marketing de la demande » et s'attache d'abord à la créativité et l'ingéniosité technologique pour surprendre les consommateurs avant d'optimiser l'ergonomie ou le design d'un produit, puis de les familiariser avec la nouveauté et de favoriser leur appropriation.

Elle conjugue le « devoir » du marketing de l'offre avec le « droit » à l'ajustement à la demande et s'éloigne ainsi de l'image caricaturale d'un marketing « démagogique ».

De la loi de la majorité aux droits des minorités

Le curseur des droits et devoirs s'est également déplacé sur un autre terrain : celui du droit des minorités face à la majorité.

Pour les baby-boomers, la loi, exprimant les droits et devoirs de la majorité, incarnait l'intérêt général. Or, plus notre société s'est fragmentée et plus les minorités ont réclamé le « droit » de faire entendre leurs différences, remettant ainsi en cause l'autorité de l'État, comme celle des institutions, des partis…

La désobéissance civile s'est développée, y compris au sein des partis politiques : quand Laurent Fabius a appelé à voter « non » dans un parti qui appellait à voter « oui » au traité européen, il a interpellé le « centralisme démocratique » qui faisait loi dans les organisations. Partout, la fragmentation des opinions s'est accompagnée de la montée en puissance des prises de parole minoritaires. C'est le cas des « petits actionnaires » qui, depuis quelques années, font valoir leurs « droits » dans les assemblées générales.

Ce poids croissant des minorités par rapport à la majorité illustre le déplacement du curseur du sommet vers la base. C'est la base qu'on veut écouter dans la société postmoderne. C'est la diversité que l'on préfère à l'unicité. C'est la pluralité qui fait sens plus que l'unité. Autant de signes du déplacement de l'obéissance à la loi commune au contrat personnel négocié.

Évolution positive quand elle représente une souplesse favorable à l'emploi et une solution adaptée à la diversité des modes de vie, évolution plus risquée quand le contrat individuel peut conduire, sous couvert d'un consentement de gré à gré, à affaiblir les plus démunis.

Ce glissement de la loi vers le contrat perturbe les baby-boomers attachés à penser la loi de la majorité pour l'appliquer aux minorités, à définir le général avant d'approcher le particulier, à passer par l'abstrait avant le concret, et par la théorie avant la pratique. Eux aiment que le cadre précède les actes et le dessein son dessin. Ils se méfient des solutions, au cas par cas, qui leur paraissent relever de l'empirisme et menacer, par les aléas des situations, le principe d'égalité de traitement.

Mais la société postmoderne, fragmentée, dérégulée et ouverte au monde, les entraîne dans ses logiques de circulation et de concertation, de métissage et de compétition, entre entreprises, entre pays, voire entre individus.

Elle a tendance à rejeter la loi « normative et disciplinaire » pour une règle contractuelle, se rapprochant ainsi de la culture jurisprudentielle des Anglo-Saxons. (Jurgen Ruesch[1] rappelle que les USA doivent cette culture de la jurisprudence et des pairs aux nécessités historiques de la conquête de l'Ouest en montrant que les convois des immigrants ont dû, pour survivre, s'organiser entre eux, sans juge suprême, et inventer le jury populaire. Leur « loi » devenant celle négociée entre pairs, par relations contractuelles et empirisme.)

*

* *

Si les baby-boomers ont été éduqués dans le contexte de l'après-guerre dans l'obéissance des devoirs, l'exigence et l'effort, leurs enfants ont, avec la maturité de la consommation, réhabilité le plaisir pour en faire plus qu'un droit : un *must*. Et ce, sans culpabilité.

---

1. Jurgen Ruesch, « La communication et les valeurs américaines », dans Gregory Bateson et Jurgen Ruesch, *Communication et Société*, Le Seuil, 1988.

Ce droit au plaisir, par opposition au devoir d'effort, distingue les deux générations, tant dans leur vie professionnelle que privée.

C'est manifeste dans leurs rapports respectifs au marketing qui, sommet de l'iceberg de la société de consommation, a érigé le droit au plaisir en valeur cardinale.

Au-delà du seul plaisir, la revendication des droits a conduit partout les minorités à réclamer leur part d'expression, quitte à légitimer les conduites de désobéissance civile.

Mais le nouveau défi, dans notre société fragmentée, est de rééquilibrer les rapports entre plaisir et effort, entre droits de l'homme et devoirs du citoyen entre majorité et minorités[1].

---

1. C'est dans cette perspective que Jacques Chirac a décidé, le 12 décembre 2005, de ne pas accorder le droit de vote aux étrangers, rappelant que ce droit était intrinsèquement lié à l'exercice de la nationalité, et à ses devoirs.

CHAPITRE 7

De l'universalisme au différencialisme

Pères universalistes, fils différencialistes

Deux visions partagent, selon Emmanuel Todd, le monde occidental : la vision universaliste et la vision différencialiste.

Les modernes, qui ont eu l'obsession de l'égalité de traitement, ont développé une vision « universaliste », en posant comme principe que les hommes étaient égaux. Ils ont misé sur une langue commune, un système scolaire laïc et intégrateur et un système de santé accessible à tous. En anthropologie, on dirait qu'ils ont privilégié la quête d'un idéal : ils ont tourné leur regard vers le haut et aspiré à un principe égalitaire et assimilationniste. C'est au nom de cette vision universaliste qu'ils ont incarné l'intérêt général dans l'État arbitre, au-dessus des partis. C'est de cette vision aussi que sont héritiers les baby-boomers.

Leurs enfants, plus enclins à penser que les hommes sont *a priori* différents, participent d'une vision « différencialiste ».

Ils croient moins en la quête d'universalité qu'ils n'observent la diversité de la réalité, ses singularités, ses particularismes, ses minorités et ses clans : ils sont plus attentifs à ce qui sépare qu'à ce qui unit. En anthropologie, on dirait que leur regard se tourne vers les schèmes descendants : l'ici-bas de la réalité, plurielle. Ils s'intéressent plus à la négociation des intérêts particuliers qu'à l'abstraction de l'intérêt général, l'État ne représentant pour eux que l'un de ces intérêts, sans prétendre à un quelconque surplomb.

D'où viennent ces deux visions ?

Pour Emmanuel Todd[1], elles sont ancrées dans l'organisation familiale : les pays « universalistes » ont une tradition qui traite dans l'héritage tous les enfants à égalité, alors que les pays « différencialistes », pratiquant le droit d'aînesse, sont plus enclins à accepter les traitements inégalitaires entre les enfants (Emmanuel Todd analyse ce système d'héritage plus précisément, région par région).

Ces deux visions ont ainsi entraîné des politiques d'immigration opposées. Les pays universalistes comme la France visent l'assimilation des populations immigrées par le respect des droits et devoirs, alors que les pays différencialistes, comme la Grande-Bretagne ou les États-Unis, ont accueilli les nouveaux arrivants en respectant leur culture d'origine, sans rechercher leur assimilation : les États-Unis autorisent ainsi l'expression de chaînes de télévision en espagnol (mais réclament, en retour, un respect strict de leur appartenance à la nation).

---

1. Emmanuel Todd, *Le destin des immigrés*, Le Seuil, 1994.

Du devoir d'égalité de traitement au droit à la différence

Or, la France universaliste des baby-boomers est confrontée à la montée en puissance des thèses différencialistes. S'opposent ainsi :

- les universalistes qui, au nom même de l'égalité, comme Élisabeth Badinter, défendent le devoir d'indifférenciation de traitement[1] et luttent contre la discrimination sexiste que représente la parité,

- et les différencialistes, communautaristes, sensibles au droit à la différence, comme Sylviane Agacinsky, qui militent pour la proportionnelle et les quotas avec l'espoir d'atteindre une représentation plus fidèle de la société.

S'opposent sur le même mode à l'école :

- les partisans de la laïcité et de l'assimilation républicaine,

- et les communautaristes à l'écoute des revendications identitaires des élèves.

Mais si la question se pose encore, c'est que les politiques universalistes des baby-boomers n'ont pas fourni les résultats escomptés.

---

1. Pour Élisabeth Badinter, « *l'égalité dans la différence, c'est-à-dire la symétrie, n'est pas seulement un slogan féministe mais appelle à réfléchir à l'hypothèse d'une disjonction entre le rapport de complémentarité qui unit l'homme et la femme et le pouvoir de l'Un sur l'Autre* ». (*L'un est l'autre*, Odile Jacob, 1986.) Élisabeth Badinter s'est toujours élevée contre les mouvements qui, sous prétexte de reconnaître la spécificité des femmes, enferment celles-ci dans une vision biologisante, pour ne voir en elles que des femmes plutôt que des êtres humains libres de se forger leur destinée (*Fausse route*, Odile Jacob, 2003).

La tentation de la discrimination positive

L'égalité de principe n'a pas été l'égalité de pratique.

La France multiculturelle n'est plus parvenue à faire jouer ses appareils d'intégration. D'où la tentation de la discrimination positive de forcer le destin mais au risque d'une solution « discriminatoire ».

Pour les universalistes, la discrimination positive tend à confondre identité et origine. Elle définit une personne par ce qu'elle est et non ce qu'elle fait, par ses origines et non par ses actes, sous-entendant que son identité peut se réduire à son origine, sexuelle, ethnique ou religieuse. Elle développe ainsi pour Élisabeth Badinter une vision biologisante.

En effet, si elle doit tenir compte des minorités et valoriser des modèles positifs d'identification[1], elle accorde un poids surdéterminant à l'inné sur l'acquis, en ramenant chacun à son berceau[2]. Elle risque ainsi, en érigeant des « représentants » des minorités, de demander à un « beur », un « feuj » ou un « black » de se comporter seulement en « beur », « feuj » ou « black », au lieu de s'intéresser à ses opinions de citoyen français, à ses actes, ses performances ou ses compétences.

Avec la parité, elle risque de la même façon de désigner des femmes en attendant qu'elles se comportent uniquement en tant que femmes, en représentantes du « parti des femmes » surdéterminées par leur sexe.

---

1. Yazid et Yacine Sabeg, *Discrimination positive. Pourquoi la France ne peut y échapper*, Calmann Lévy, 2004.
2. Aux yeux des universalistes, elle représente un risque que Jacques Chirac n'a pas hésité à qualifier de poison, « Le poison de la discrimination », le 14 novembre 2005 après les émeutes dans les banlieues.

Aussi, partant d'un diagnostic juste, a-t-elle tendance à survaloriser chez chacun, ici sa nature sexuelle, là sa couleur de peau ou sa religion, et à minimiser ce qui a trait à ses choix d'individu.

C'est pourquoi les universalistes brandissent les dérives de cette *affirmative action*. Ils lui reprochent d'être finalement ségrégationniste et de renforcer la vision sexiste ou ethnique qu'elle est destinée à combattre, assumant son titre de « discrimination » qui officialise une sorte de « délit d'origine ». Amin Maalouf, qui a vécu au Liban les effets de la politique des quotas, n'a de cesse d'en dénoncer les dérives : « *J'ai souvent hurlé contre ce système aberrant où, entre deux candidats à une fonction, on ne choisissait pas le plus compétent, mais celui dont la communauté avait "droit" à ce poste* ».[1] Les universalistes tentent de rappeler – sans doute trop tard –, que la liberté humaine consiste, certes, à reconnaître ses origines, mais à avoir la possibilité de s'en affranchir pour devenir ce que l'on souhaite devenir, sans être emprisonné par le hasard de sa naissance.

C'est le principe même de la loi républicaine, même s'il est mal appliqué, que d'éviter que le combat des femmes ne soit l'apanage exclusif des femmes mais aussi le combat des hommes, que la défense des minorités ne soit pas le fait de ces seules minorités mais l'honneur de la majorité, que la nation ne soit pas la simple juxtaposition des identités et combats catégoriels, mais celle de tous.

À cela, les différencialistes, davantage présents chez les jeunes, rétorquent que si l'intention est louable, la France

---

1. Amin Maalouf, *Les identités meurtrières*, LGF, 2001.

a quitté son modèle d'assimilation depuis longtemps et que son modèle d'intégration aussi bat de l'aile.

Ce débat oppose depuis longtemps démographes universalistes et différencialistes, notamment sur le droit de mentionner les origines ethniques. En effet, « *au nom de l'égalitarisme* », explique Ezra Suleiman[1], « *le modèle républicain interdit de tenir des statistiques ou des données en fonction des origines ethniques* »… Contrairement aux États-Unis où les enquêtés se définissent eux-mêmes comme *American Indian ou Alaska native, Asian, Black, African American, Native Hawaian, White, Hispanic, Latino…*[2], la France n'a pas de connaissance chiffrée pour comprendre pourquoi « *le taux de chômage semble si différent entre Portugais, Asiatiques, Maghrébins et Blacks* », poursuit Ezra Suleiman et ne peut donc établir une ligne politique efficace.

Enfin, pourquoi se limiter à la parité ou à la diversité ethnique ?

Pourquoi ne pas réclamer aussi une meilleure représentativité des âges ou des revenus ? Est-ce à dire que la représentation des femmes ou des minorités ethniques serait plus importante que celle des jeunes ou des couches populaires ?

---

1. Ezra Suleiman, professeur de sciences politiques à l'université de Princeton et à L'Institut de sciences politiques à Paris, « Immigration, la France est le seul pays qui brandisse avec fierté l'ignorance sur sa propre société », *Figaro Magazine* du 17 décembre 2005.

2. *Le Monde* du 6 novembre 1998. « *Une virulente polémique sur les données ethniques divise les démographes. Hervé le Bras accuse l'Institut national d'études démographiques de faire le jeu du Front national en mentionnant dans les études les origines raciales.* » Alors que « *Michèle Tribalat réplique que seules les données de ce type permettent de lutter efficacement contre les discriminations* ».

Qu'en pensent les Français ? Ils sont partagés. Sur la parité, 69 % sont *« favorables à l'imposition d'un quota d'hommes et de femmes à l'embauche, c'est-à-dire à obliger les entreprises et l'Administration à embaucher autant de femmes que d'hommes »* contre 26 % d'opposés. Mais ils sont plus réservés sur le droit de vote des étrangers non européens aux élections locales[1].

Quant au gouvernement, il est aussi partagé : Nicolas Sarkozy promeut le communautarisme institutionnel avec la création du Conseil français du culte musulman et, désormais, le Conseil représentatif des associations noires, alors que Dominique de Villepin vante le 1er juillet 2005 la méritocratie !

Des pères désireux d'être Français, des fils désireux d'exprimer leurs différences

Le débat est d'autant plus vif que la France n'a pas su valoriser son modèle universaliste auprès des moins de 35 ans. Si les pères immigrés voyaient en elle un idéal d'assimilation et portaient l'envie de devenir Français, la deuxième génération n'a pas eu à choisir. Officiellement française, mais sans être toujours perçue comme telle, elle revendique une différence… (… sans toujours savoir exactement laquelle).

Aussi la vision différencialiste domine-t-elle chez les jeunes qui n'hésitent pas à se présenter comme « blacks, blancs, beurs ou feujs ». Jamel Debbouze, à qui l'on demande en 2000 s'il est Français ou Marocain, répond : *« Cela dépend*

---

1. Sofres/*Figaro Magazine* du 10 septembre 2005.

des jours. » Eux qui n'ont pas la mémoire de la Seconde Guerre mondiale n'imaginent pas que le « droit à la différence » puisse menacer le devoir d'égalité. Savent-ils qu'acquérir la nationalité française a été un formidable espoir ? Que « l'assimilation » s'est d'abord appliquée aux régions françaises et que les petits Bretons se faisaient taper sur les doigts en classe s'ils parlaient breton. Et même s'ils le savent, ils ne le vivent pas.

Eux ne parlent d'ailleurs plus « d'assimilation » mais seulement « d'intégration », qu'ils dénoncent souvent comme un traumatisme. Et alors que l'immigration fait partie de la tradition française, qui l'a toujours considérée comme un bienfait et une source de vitalité, l'assimilation ne fonctionne plus. Comme l'a dit Maurice Lévy à l'université du MEDEF en 2004, « *l'immigration musulmane pose un défi car son nombre est plus important que celui des précédentes immigrations. Sa religion est différente. Une partie de ses membres ne veut pas jouer la règle du jeu de l'intégration et ne respecte pas les droits et devoirs de l'appartenance à la Nation* ».

Universalistes et différencialistes s'opposent sur la laïcité

C'est encore le même débat qui explique les positions sur la laïcité à l'école. Un débat qui a opposé les universalistes, partisans de la laïcité et les différencialistes, partisans de l'autorisation du port du voile et des signes religieux. Jusqu'en 1989, prévalait avec le Concordat la vision universaliste où la vie religieuse se pratiquait dans l'enceinte de la sphère privée, la sphère publique étant laïque. Mais la décision du Conseil d'État a relancé le débat.

Un débat qui révélait dès les années 2000 le désarroi d'« *une génération d'enseignants, formée au droit à la différence et au tiers-mondisme, qui s'est fourvoyée en croyant qu'elle devait prendre en charge les identités des élèves mais qui constate que cette attitude lui revient comme un boomerang* »[1]. L'universaliste Vincent Cespedes, dans son livre *La cerise sur le béton*[2], dénonçait alors une éducation qui ne jouait plus son rôle d'intégration, ne remplissait plus ses devoirs d'unité et y voyait le signe des politiques à céder à des entreprises de séduction plutôt qu'à s'affronter aux véritables problèmes.

Pour les différencialistes comme Yazid et Yacine Sabeg[3], la loi sur la laïcité, votée dans l'urgence, a servi de colmatage cathartique mais n'a pas résolu les problèmes de fond, notamment celui du statut de la femme en dehors de l'école.

Même opposition encore sur l'interprétation des émeutes de 2005 dans les banlieues : certains les décodent à l'aune des différences économiques et sociales, d'autres comme Alain Finkielkraut, à celle des différences ethniques et culturelles.

France universaliste contre pays anglo-saxons différencialistes

L'on trouve ainsi une sorte d'affinité élective :

- entre les baby-boomers, universalistes « modernes », et la tradition française qui partagent le devoir d'assimilation, le respect de l'égalité (et la confiance dans l'État garant de l'intérêt général),

---

1. Relevait Alain Seksig dans *Le Monde* du 15 avril 2000.
2. Vincent Cespedes, *La cerise sur le béton*, Flammarion, 2002.
3. Yazid et Yacine Sabeg, *op. cit.*

- et les différencialistes postmodernes et les pays anglo-saxons qui partagent, au nom du pragmatisme, une culture du communautarisme (et une confiance dans la négociation des intérêts particuliers, y compris de l'État).

Il n'est pas étonnant que les thèses postmodernes connaissent un franc succès aux États-Unis, où elles officialisent les pratiques et théorisent les convictions, mais rencontrent une plus grande résistance dans une France de tradition jacobine et égalitariste. Mais si le débat reste passionné, c'est qu'aucune des deux approches n'a donné les résultats attendus.

En effet, la France a cru que sa volonté d'égalité l'emporterait sur la réalité des différences, mais elle a failli : elle a oublié de traduire son unité et négligé le fonctionnement de ses appareils d'État et d'intégration ; elle n'a pas nourri la fierté d'appartenance ni son patriotisme ; elle n'a pas expliqué ses droits et devoirs tant aux Français qu'aux immigrés, elle a confondu la défense de ses valeurs avec un nationalisme étroit, au point de laisser l'extrême droite kidnapper le terme de nation (à l'exception de Jean-Pierre Chevènement et de quelques autres, catalogués alors comme « réacs »).

Les USA, forts de leur communautarisme, ont valorisé les différences entre les individus, les pays d'origine, les niveaux de revenus, mais ont pris soin de compenser ces différences par une fierté d'appartenance à la nation fédérale : ils arborent leur devise et leur drapeau à maintes occasions ; ils se soudent dans des congrégations religieuses qui pallient certaines différences sociales ; ils sont unis sur des valeurs américaines – démocratie, constitution, liberté –, portés par l'*american dream*.

Mais ils semblent, eux aussi, menacés dans leur modèle du *melting-pot* qui ressemble de plus en plus à une *rainbow society* aux catégories étanches. Où la loi de la minorité l'emporte sur la majorité.

Quant aux Anglais différencialistes[1], s'ils montraient depuis les vagues d'attentat un certain intérêt pour le modèle d'assimilation français, ils réfutent à la France depuis les émeutes des banlieues le droit de prétendre à un quelconque « modèle ».

L'Europe des différences ou du projet commun

L'Europe est aussi, dans son identité, traversée par ce débat : doit-elle privilégier une identité fondée sur la diversité de ses origines ou sur la communauté de destin à construire ?

---

1. Les Anglais, eux, sont particulièrement attentifs à la classe sociale d'origine, au rang hiérarchique, jusqu'à l'accent avec lequel on parle anglais. C'est le pays européen qui garde le plus son caractère pyramidal, où les classes moyennes sont les moins développées, et où le marketing respecte le plus une segmentation hiérarchique. L'objectif y est souvent « aspirationnel », traduisant ainsi le souci d'acquérir les signes de la catégorie supérieure. Mais ils ont des boussoles : l'unité représentée par la famille royale, la fierté du drapeau dont ils font une fréquente exposition, la posture du *UK is different*, la culture du leadership et l'identité insulaire toujours revendiquée. Même l'humour britannique traduit cette vision différencialiste : c'est un humour dont un des traits vise à se moquer des autorités et des institutions. Que ce soit les *Monty Python* ou dans le strip-tease de *Full Monty* de Peter Cattaneo (2000), l'important est de ridiculiser l'institution en malmenant le port de l'uniforme. L'humour britannique aime la provocation vis-à-vis de la hiérarchie : *how shocking !* Il consiste plus qu'ailleurs en un crime « de lèse-majesté ». C'est encore chez les Britanniques que l'on accorde le plus d'importance aux accents pour désigner au théâtre la classe sociale d'un personnage : tout est dit dans une intonation. C'est encore chez eux qu'Altman décrit l'atmosphère littéralement hiérarchique de *Gosford Park*, où les domestiques vivent au sous-sol. Certes, chacun peut monter dans la hiérarchie, mais dans l'*establishment,* la naissance fait toujours limite à l'intelligence.

Les baby-boomers aimeraient appliquer à l'Europe ce qu'Ernest Renan disait de la nation : *« Deux choses constituent une nation. (…) L'une est la possession en commun d'un riche legs de souvenirs ; l'autre est le consentement actuel, le désir de vivre ensemble, la volonté de continuer à faire valoir l'héritage que l'on a reçu. »*[1] Bernard Henri Lévy aussi, qui voit en l'Europe *« la bonne fée qui nous ravit à nos sujétions »* qui nous offre la chance de nous *« affranchir des trois « N », selon Kant, les formes* a priori *de la servitude : la Nation (j'étais et je reste français (…), le Natal (de ce lieu-ci, de ce sol je suis né (…), et le Naturel (chacun de nous a sa souche, son corps[2] (…).* Opposant aux trois « N », les trois « E », il voit dans l'Europe une réponse meilleure *« de devenir universel du monde, (…) que celles de l'Empire ou de l'Église ».*

Mais les baby-boomers ont-ils su transmettre l'idée que l'identité ne se réduisait pas à l'origine mais qu'elle était, pour l'Europe aussi, une construction commune exigeante ? Et l'ont-ils prouvé ? Non.

Et le marketing ? Doit-il devenir un « marketing des communautés » ?

À force d'entendre parler de communautés « blacks, blancs, beurs ou feujs » ou même de communauté gay… certains s'interrogent : le marketing doit-il aussi devenir un « marketing des communautés » ?

---

1. Ernest Renan, *« Qu'est-ce qu'une nation ? »* conférence à la Sorbonne, 11 mars 1882.
2. *Le Point*, 23 juin 2005.

Comment le marketing prend-il en compte cette diversité ? Contrairement au politique dont le rôle est de créer de l'unité, celle du vivre ensemble, le rôle légitime de l'économie est de répondre à la diversité des besoins.

C'est le rôle du marketing de « cibler », définir, fragmenter, « découper » la population en femmes, seniors, ados, amateurs de musique classique ou addicts de pizzas, en fonction de l'offre de ses commanditaires.

C'est son rôle d'avoir ciblé la fameuse ménagère de moins de 50 ans comme il ciblait les amateurs de cigares ou de coupés automobiles, comme il s'adresse aujourd'hui de manière de plus en plus fine et personnalisée à chacun.

Mais doit-il cibler des communautés ethniques (black, blanc, beur) ?

La réponse est d'abord stratégique : ce qui importe en marketing est de savoir si la différence ethnique est pertinente en matière de consommation. On comprend que le sexe soit un critère décisif pour l'achat de lingerie, mais qu'il le sera peu pour l'achat de cahiers scolaires ; ou que la religion affecte moins l'achat de produits électroniques, mais qu'elle ait une influence significative sur la consommation de certains produits alimentaires soumis à des interdits, comme la viande *hallal* ou la *cachrout*.

La seule question qui se pose donc au marketing est de savoir si l'achat du produit est lié à une appartenance ethnique et si son usage est spécifique à cette communauté. Sinon, les marques ont intérêt à s'adresser à la cible, de tous ceux, quelles que soient leurs origines ou leurs appartenances, qui sont intéressés par leur produit.

Aussi, dans les faits, le marketing des communautés black, blanc, beur prend-il plutôt la forme de :

* La représentation de la diversité : c'est le cas notamment des annonces de recrutement des entreprises mondiales qui exposent une équipe composée « d'un Caucasien, d'un Black, d'un Asiatique… », langage classique pour exprimer la diversité.

* Les produits de la diversité multiculturelle, quand L'ORÉAL propose légitimement des gammes cosmétiques qui répondent aux différences physiologiques de cheveux et de peaux des Blacks, des Asiatiques et des Caucasiens.

* La mise en scène de stars (beurs ou blacks) comme Zinedine Zidane, ou Tony Parker… mais ces personnalités sont plutôt choisies parce qu'elles incarnent des héros, des modèles, que comme représentantes d'une communauté. On peut se demander si la France doit comme les États-Unis créer des agences spécialisées[1].

* Enfin, le marketing ethnique idéologique. Il a émergé avec les Mecca Cola, les Muslim Cola, ou le Corsica Cola mais peut-on tolérer qu'il soit porteur d'un message de discrimination ?

---

1. Si la publicité doit refléter son époque, sa mission n'est pas de refléter exactement comme un miroir sociologique, toute la diversité de la société (des sexes, des âges, des milieux sociaux, des origines) mais de trouver l'argument, le message et les images qui mettent le mieux en relief la différence et la valeur de la marque. Pour montrer la qualité d'un fer à repasser, la publicité aura intérêt à montrer un homme en train de repasser (alors que sociologiquement, moins de 10 % des hommes le font) et prou-ver ainsi que la qualité de la marque est telle que « même des hommes », incompé-tents, y parviennent avec succès. Il ne faut donc pas attendre de la publicité une représentation fidèle de la population, mais toujours la décoder en fonction de sa véritable finalité : son message commercial.

On le voit, le marketing ethnique est à manipuler avec précaution.

La réponse stratégique consiste à vérifier que l'achat et l'usage sont déterminés par une appartenance ethnique.

La seconde réponse est éthique : souvenons-nous que les civilisations « tribales » sont les plus violentes. À se définir par l'appartenance à une tribu, on devient rapidement l'ennemi de la tribu qui ne partage pas les mêmes totems et tabous, les mêmes idoles ou les mêmes dieux, qui ne pratique pas les mêmes rituels. Comme l'écrit Jean-François Kahn[1], « *le communautarisme conduit potentiellement à un double bain de sang : parce qu'il identifie les individus au droit du sang et non au droit du sol et parce qu'il finit le plus souvent en bain de sang* ». Miser sur ce qui sépare plutôt que sur ce qui unit est-il la source d'un bien vivre ensemble ?

Le marketing des tribus est-il un marketing de communautés ?

Depuis une dizaine d'années, a émergé le marketing des tribus, souvent associé au marketing des jeunes.

Issu d'une constatation juste, celle de l'infidélité croissante, il préconise de cibler des « tribus » souvent regroupées autour de pratiques sportives ou musicales. Il a ainsi suscité l'espoir de créer une relation « tribale » dont la chaleur et l'intensité uniraient les membres dans un lien quasi familial et compenseraient les risques d'infidélité d'individus nomades. Une promesse qui n'a pas manqué de séduire les entreprises !

---

1. *Marianne* du 8-14 avril 2002.

Mais ce marketing des tribus pose de nombreuses questions professionnelles[1] car il mêle en fait marketing thématique, situationnel, communautaire, relationnel… Ainsi quand les jeunes partagent une passion commune pour un sport ou un centre d'intérêt qui est la clé d'un univers, d'un langage et de valeurs partagées, doit-on parler de marketing thématique, de marketing relationnel, de marketing tribal… ou de marketing de communautés ? Débat sans fin.

Aussi sommes-nous favorables à une autre stratégie.

Plutôt que de chercher des tribus sociologiques préalables (difficilement saisissables et souvent éphémères), les marques ont intérêt à se comporter elles-mêmes en chefs de tribu et à attirer vers leur propre « monde », leur système de valeurs, leur univers et servir ainsi de repères à des individus épars. N'est-ce pas le rôle du marketing de faire de chaque marque une communauté, une tribu, une proposition qui fasse sens et nourrisse une relation ?

Et le marketing des autres communautés : des gays… ?
Il arrive que l'on parle aussi de « marketing de communautés » pour les gays. Faut-il un marketing dédié ?

---

1. Le marketing des tribus pose :
   - des questions pratiques car la tribu est souvent un amalgame momentané et non une appartenance assez stable pour des bases de données, les individus ne s'enfermant pas dans une tribu unique dont il suffirait de comprendre les codes, mais slalomant entre des « tribus », que nous préférons appeler « réseaux » (la tribu étant une entité sociologique homogène, le réseau rassemblant sur un thème des individus divers),
   - la question théorique aussi d'un concept flou qui ressemble parfois au marketing thématique, au marketing situationnel (réunissant des individus différents dans une situation donnée comme chez MC DO), ou au marketing ethnique…

Appliquons notre règle stratégique : connaître les orientations sexuelles de chacun est-il pertinent pour l'achat d'une lessive, de yaourts ou de café ? Certainement pas.

Mais il peut l'être davantage pour le choix de vacances, de restaurants, de loisirs ou de mode. Il peut l'être aussi pour des événements car les gays sont devenus une population *trend-setter* qui a une grande influence dans le lancement de nouveaux produits, moins parce qu'elle est gay que parce qu'elle est une minorité leader d'opinion qui dispose d'un pouvoir d'achat, de médias et de circuits d'influence.

Quant aux seniors, s'ils vont prendre dans une société vieillissante de plus en plus d'importance, le marketing doit-il les cibler comme une communauté ?

Jusqu'ici, ils ont été peu représentés dans la publicité ou, parfois, comme la caricature d'un monde ancien. Mais faut-il les « cibler » comme une communauté spécifique ? Appliquons la règle de l'usage : leur âge surdétermine-t-il leur consommation ? Oui pour certains services comme l'assistance, l'assurance, le service à la personne, les services de santé ou certains loisirs, et la marque leur adressera un message particulier dans la presse ou sur le net. Non tant que leur consommation est similaire au reste de la population, ce qui est souvent le cas du 3ᵉ âge.

N'oublions pas que les seniors ne veulent pas être un « monde à part » mais « une part du monde » : ils répugnent à être ghettoïsés. Le plus souvent, les marques n'ont pas de raison de les traiter différemment du reste de la population. Ainsi une marque de produits laitiers aura-t-elle intérêt, sur les grands médias, à tenir un propos fédérateur autour du calcium et à réserver à des médias spécifiques ses messages sur la lutte contre l'ostéoporose.

Enfin, l'essor du marketing des communautés dépendra de la perception qu'ont les individus de leur appartenance. Si les seniors se perçoivent demain comme une catégorie, comme un « grey power », ils inciteront le marketing à se développer à leur égard. Et réciproquement. Aux États-Unis, le marketing communautariste est d'autant plus présent que les individus se définissent eux-mêmes par leurs appartenances ethniques, appartenances renforcées par des médias spécifiques, comme les chaînes de télévision en espagnol pour la communauté hispanique.

Ainsi, tout marketing repose sur une différence de sexe, d'âge, de centre d'intérêt, de motivations, de pratiques …mais il ne doit prendre en considération les différences « ethniques » que si elles impliquent des différences de consommation.

En fait, on pourrait dire de manière iconoclaste que le marketing est, par définition, « communautariste » puisqu'il s'adresse aux « communautés d'acheteurs » que sont les cibles. Mais ses cibles ne sont pas définies par leur origine ethnique mais par la liberté de choix des consommateurs.

*

* *

La société française est prise entre sa vision « universaliste » traditionnelle qui privilégiait l'idéal d'égalité et qui a fonctionné tant que les appareils d'intégration œuvraient en ce sens et que l'appartenance à la nation représentait une fierté ; et la vision anglo-saxonne qui, reposant sur

« l'affirmation de la différence », séduit les jeunes adultes qui trouvent naturel de parler de « blancs, blacks, beurs ou feujs ».

Faut-il pour autant un marketing des communautés ?

Si le rôle du marketing est de segmenter pour cibler les clients potentiels, il fragmente d'abord en fonction du rapport au produit, des motivations, des usages, des lieux d'achat, du prix et non de l'identité de chacun. Le marketing n'a de raison de devenir communautariste que s'il s'applique à des produits pour lesquels la motivation d'achat est spécifique (pour des raisons physiologiques, religieuses, culturelles, linguistiques). Sinon, il doit s'adresser à la seule communauté légitime, la communauté d'acheteurs.

Si le débat reste ouvert, c'est que les visions, universaliste et différencialiste, montrent chacune leurs limites, l'une par le déficit d'égalité des chances, l'autre par le risque de faire plus cas des minorités que de la majorité.

Mais le nouveau défi est de compenser les faillites de la tradition d'assimilation « centripète », dans une société davantage multiculturelle, tout en évitant les risques d'une société communautariste « centrifuge », pour forger, malgré des racines différentes, un destin commun.

CHAPITRE 8

De la morale idéaliste à l'éthique pragmatique

De la morale à l'éthique

Si dans l'enfance des baby-boomers la morale consistait à apprendre, à l'école ou à l'Église, à savoir distinguer le bien du mal et à inciter à faire le bien, elle a pris aujourd'hui un autre sens : « *Il s'agit moins*, selon André Comte Sponville, *de s'éloigner du Mal pour faire le Bien, que de ne faire de mal à personne* »[1]. Elle traduit davantage une attitude en creux, par défaut, que nous appellerons éthique personnelle, qui exige moins de s'occuper d'autrui avec attention et bienveillance que d'éviter de lui causer du tort. Mais ne pas faire de mal n'équivaut pas à faire le bien.

Cette définition s'éloigne de la rigueur de la morale conventionnelle pour s'ouvrir au plaisir, à la tolérance de pratiques diverses à condition qu'elles ne causent de tort à

____

1. André Comte Sponville, *Psychologies*, n° 186, mai 2000.

personne… L'éthique « *n'est pas là pour nous empêcher de jouir. Elle est là pour nous empêcher de faire souffrir, d'humilier, d'opprimer, d'exploiter, d'asservir [...] non contre le plaisir qui est un bien, mais contre l'égoïsme qui est un mal et le fondement de tous »*[1].

L'éthique postmoderne apparaît ainsi comme une version plus personnelle de la morale, moins normative et moins austère, qui ne condamne plus les comportements « non conformes » à la tradition religieuse. Elle varie, résume Alain Etchegoyen[2], selon les situations et les personnes. « *La morale n'est plus une morale de la cité, mais une morale des relations interpersonnelles* » et vise un bonheur qui n'est plus perçu comme un égoïsme mais comme un but affranchi de toute culpabilité. Notamment en matière de mœurs. Le sexe, hier sujet tabou est aujourd'hui abordé avec franchise, et même recommandé comme cure thérapeutique anti-stress à condition… de se protéger contre le sida[3]. **En somme, si c'est bon pour la santé, c'est bon pour le moral et presque pour la morale !**

Une éthique relativiste ?

La morale s'est ainsi, comme le reste de la société, fragmentée en positions personnelles, plus relatives.

Un relativisme qui avait d'ailleurs inquiété le pape Jean-Paul II qui, dans son encyclique *Fides et Ratio*, s'en prenait

---

1. Alain Etchegoyen, *Psychologies*, n° 186, mai 2000.
2. *Idem.*
3. *Figaro Magazine* du 24 septembre 2005, « Être heureux », de Gilles Denis et Christine Doré.

« *aux déviations et erreurs de la pensée moderne* », l'historicisme, le scientisme, le pragmatisme et le nihilisme : « *… la pluralité légitime des positions a cédé le pas à un pluralisme indifférencié fondé sur l'affirmation que toutes les positions se valent […] On se contente de vérités partielles et provisoires sans plus chercher à poser des questions radicales sur le sens et le fondement ultime de la vie humaine, personnelle et sociale. En somme, on a perdu l'espérance de recevoir de la philosophie des réponses définitives à ces questions* »[1]. Et si les questions du sens subsistent, elles sont censées se résoudre dans une éthique personnalisée, chacun négociant son mode de vie dans une plus grande tolérance… et souvent indifférence.

C'est dans le domaine des mœurs que cette évolution est la plus nette : la tolérance vis-à-vis de l'amour homosexuel s'est accrue en une génération, précisément parce qu'il ne fait de mal à personne[2]. La frontière des tabous s'est désormais déplacée vers ce qu'impliquerait la reconnaissance du mariage homosexuel[3], c'est-à-dire l'adoption d'un enfant. Sur ce sujet, les positions restent prudentes et varient en fonction de l'âge : les 25-34 ans sont à 71 % favorables au mariage homosexuel, (mais 58 % restent réservés sur l'adoption d'enfants par les couples homosexuels). Les plus de 65 ans étant, eux, défavorables à 77 % au mariage homosexuel.

---

1. *Le Monde* du 16 octobre 1998.

2. Quand Laurent Ruquier a propos du mariage homosexuel lance dans son émission humoristique sur *Europe 1*, le 25 juin 2005 : « *après tout, ça n'emmerde personne qu'ils se marient* », il illustre parfaitement l'éthique actuelle en prenant comme critère le fait que le mariage homosexuel ne fasse de mal à personne. Il l'illustre d'autant mieux qu'il défend, avec une tolérance appréciable, un point de vue auquel il est personnellement opposé.

3. Sondage Sofres sur les tabous des Français, publié dans le *Figaro Magazine* du 10 septembre 2005, et complété par une étude de Publicis Consultants.

Les Français sont donc plus tolérants sur ce sujet mais selon un clivage générationnel : les plus âgés restant autoritaires, les plus jeunes plus libertaires.

Le mot « respect » a changé de sens : il est désormais à sens unique ! Autre évolution de la morale.

Alors que le « respect » désignait la considération que l'on doit aux autres, il est aujourd'hui invoqué comme celle que l'on attend pour soi, comme un dû, une dette, un préalable et non comme un contrat réciproque. Notamment dans les banlieues. Certains voient dans ce détournement de « sens » l'exacerbation d'un « moi tout puissant », d'autant plus exigeant, voire dictatorial, qu'il repose sur une identité moins assurée. D'autres, comme Julia Kristeva, y décryptent l'effet de l'incompréhension de notre société pour la quête d'idéal des adolescents. Pour elle, « *lorsque l'enfant chercheur cesse de chercher et commence à croire, il devient adolescent* ». Et, poursuit-elle, « *notre civilisation ne veut pas savoir que l'adolescence est une maladie d'idéalité, que pour cela, elle est facilement déçue et peut s'inverser en nihilisme destructeur* »[1]. Mais une éthique du respect peut-elle exister sans réciprocité ?

Pères idéalistes, fils pragmatiques

Le fait de se projeter ou non dans une morale collective tient aussi à la relation que l'on entretient avec l'absolu.

---

1. « L'adolescent idéaliste, le casseur nihiliste et le modèle français » par Julia Kristeva, dans *Marianne*, le 10 décembre 2005.

Or, si les baby-boomers carburaient à l'idéalisme, leurs enfants marchent au pragmatisme et privilégient une éthique de l'efficacité.

Les baby-boomers cherchaient avec espoir un modèle de société « morale » : « Si c'est bien, il faut le faire marcher. » Leurs enfants répliquent : « Si ça marche, c'est bien. »

Les premiers visaient l'absolu pour définir le souhaitable ; les seconds partent du réel pour l'optimiser.

Les baby-boomers ont toujours cherché du sens et de la transcendance dans l'idéal d'une vision, d'un projet de société, d'une utopie, de l'égalité. Aujourd'hui encore, on les sent orphelins de cet idéal commun, désorientés dans une « *société d'archipels* », fragmentée et visqueuse, et inquiets de voir resurgir des récits de substitution : « *Si nous ne sommes pas capables de nous raconter une histoire qui donne sens à ce que nous vivons, alors vont ressortir des "boîtes à outils sociales" où nous les avons accumulées, les histoires précédentes dont nous connaissons déjà les méfaits, glorification de l'origine commune, usage politique du religieux, "pseudo-religion" nationale… n'est-ce pas une part de ce que nous vivons depuis que l'idéal communiste, en s'effondrant, a cessé de rythmer l'imaginaire politique et l'espérance des dominés ? *»[1]

Leurs enfants sont pragmatiques, par nécessité. Confrontés à un monde d'incertitudes, de chômage, de terrorisme, d'épidémies, ils ont une autre priorité : optimiser le réel. Méfiants, ils ne se donnent pas mais se prêtent sous conditions, pas trop longtemps et pour des résultats tangibles. Ils

---

1. Jean Viard, *Société d'archipels*, Éditions de l'Aube, coll. « Aube poche », 1994.

peuvent être à la fois désireux de relations authentiques mais branchés sur le net, dans des relations à distance, pas trop engageantes ; attentifs à leur qualité de vie mais soucieux d'un bon niveau économique. Peu militants, ils n'attendent pas de « grand soir » mais préfèrent des actions ponctuelles, aux résultats concrets. Ils soutiennent des initiatives caritatives, les mobilisations événementielles, ici le Téléthon, là « les Restos du cœur », ici les victimes du tsunami, là pour l'Action contre la faim.

Loin de l'idéalisme dogmatique de leurs parents, ils combinent les contraires et s'adaptent, avec pragmatisme… au risque de se faire traiter d'opportunistes. Ainsi, certains peuvent-ils revendiquer le fait de se dire anti-américains, manger au MC DO et porter du NIKE[1] !

Quel prix payer pour la morale ? *L'ethic business*

Différence donc de posture entre les modernes, pour qui la morale était un idéal qui ne se négociait pas et appelait à faire son devoir, quitte à sacrifier parfois ses propres intérêts – au prix d'une culpabilité constante –, et celle des postmodernes pour qui l'éthique consiste à entreprendre modestement plutôt que de se draper dans de beaux principes, au risque de ne rien faire.

Dans les entreprises aussi, la question éthique est omniprésente : on n'a jamais autant parlé de « valeurs », de « transparence », de *corporate governance*, de « commerce équitable », de « responsabilité sociale », d'*ethic business*, de

---

1. *Le Figaro économique* du 1ᵉʳ août 2002.

« développement durable » et d'« engagements solidaires ». Tentative pour répondre aux malversations et scandales (ENRON), aux catastrophes écologiques (marées noires, TOTAL) ou aux menaces de la violence de la compétition mondiale ?

Les entreprises sont davantage jugées sur le plan éthique à travers leur politique sociale, leurs engagements vis-à-vis de leurs fournisseurs et de leurs pays d'implantation. Ce qui a le plus frappé l'opinion, c'est en période de chômage *« la possibilité pour les entreprises de licencier même si elles font des bénéfices »* : à cette question « taboue »[1] les Français sont 91 % à répondre que ce n'est pas acceptable.

Aussi, *l'ethic-business* est-il apparu comme une démarche gagnant/gagnant, comme l'espoir de concilier morale et rentabilité et comme le moyen de se doter, par une valeur d'estime, d'un atout supplémentaire de préférence pour attirer nouveaux clients, meilleurs collaborateurs et investisseurs.

Mais les baby-boomers et leurs enfants ne jugent pas l'*ethic business* de la même manière.

Pour les premiers, idéalistes, l'*ethic business* reste marginal. Ils jugent la véritable valeur d'une entreprise au moment où son respect de l'éthique risque de représenter un sacrifice comme celui de perdre un marché. Ils considèrent, dans leur envie d'absolu que, tant que l'éthique reste un investissement « rentable » du point de vue de la réputation ou de l'image de l'entreprise, elle n'est qu'un simple calcul d'intérêt.

---

1. Sofres, « Les Tabous des Français », *op cit*.

Pour les postmodernes, la posture est toute autre. Ils n'attendent pas que les entreprises deviennent des églises, mais qu'elles respectent les codes et normes en vigueur (la dette) et qu'elles apportent, à leur manière, leur valeur ajoutée exclusive (le don), par un investissement souvent coûteux et pour une rentabilité incertaine. C'est le cas des fondations d'entreprises qui se multiplient, et il faut s'en réjouir. Mais elles restent un acte marginal à l'activité quotidienne. Les « moralistes » y voient le moyen de se donner bonne conscience et de bénéficier de mesures de défiscalisation, quand les « pragmatiques » saluent ce geste salutaire d'un soutien aux causes d'intérêt général.

Les jeunes adultes se montrent particulièrement sensibles à cette préoccupation éthique. Nombreux sont les étudiants dans les écoles de commerce qui se passionnent pour « l'entreprise citoyenne », « les fonds éthiques », et qui s'engagent, le temps d'un stage, aux côtés d'une ONG. Leur générosité n'est pas nouvelle mais ce qui l'est plus, c'est qu'ils n'éprouvent, contrairement à leurs parents, aucune contradiction à s'inscrire simultanément dans des logiques commerciales et humanitaires. Ils prennent l'économie de marché pour une règle du jeu incontournable et choisissent d'exprimer, ailleurs, leur engagement éthique.

Mais quel prix sont-ils prêts à payer l'engagement affiché quand ce sont les mêmes qui vont pirater et télécharger leur musique sur internet, sans culpabilité ni remords ? Ce sont les mêmes qui peuvent prôner le *made in France* et, pour des motifs économiques bien compréhensibles, finir par acheter des produits *made in Taiwan*.

Qu'attend la nouvelle génération de l'éthique de l'entreprise ?

Les DRH le savent : elle veille au respect des valeurs affichées car elle peut, certes, être cynique mais s'avère impitoyable sur le décalage entre le « dire » et le « faire ».

Prenons le cas des « valeurs d'entreprises ».

Les entreprises affichent volontiers une série de cinq ou six valeurs sur leur site, dans leur brochure *corporate* ou dans leur hall d'entrée. Les discours de leurs présidents s'y réfèrent. Est-ce dire que les entreprises n'avaient, hier, pas de valeurs ? Non, mais que si leur vocation est d'assurer la meilleure rentabilité à l'actionnaire, ceci ne peut se faire à n'importe quel prix, ni n'importe comment. Dans la mondialisation, elles ne peuvent plus se contenter de cultures implicites mais doivent renforcer un sentiment d'appartenance qui ne va plus de soi et justifier de porter un même « nom de famille d'entreprise ». Les managers désireux de créer une fraternité d'esprit et un patriotisme d'entreprise voient dans les « valeurs » un moyen de répondre à des collaborateurs en attente de sens, de vision et de langage commun[1]. Un moyen de compenser la sécheresse des objectifs quantitatifs et de se distinguer par des valeurs morales, comme l'humanisme ou le respect, ou par des attitudes professionnelles si elles estiment qu'elles ne doivent pas donner des consignes de vie à leurs collaborateurs et s'immiscer dans leur vie privée.

---

1. À l'analyse, on observe que ces valeurs conjuguent souvent les dimensions « laborieuses » de la production, celles « guerrières » de la compétitivité et celles « mystiques » de la souveraineté et du sacré, reflétant ici les trois ordres de toute société selon Georges Dumézil.

Mais la nouvelle génération veille : pour elle, le véritable engagement éthique consiste à ne pas afficher ces valeurs sans les mettre en pratique à travers des principes d'action qui précisent comment optimiser les performances et les moyens de les atteindre de manière éthique. Pour Bertrand Collomb, président de LAFARGE, la solution réside dans le « développement durable » qu'il prend au sens plein du terme, pour incarner littéralement la conciliation entre la création de valeur pour les actionnaires et les intérêts des clients, des salariés et de l'environnement, et permettre ainsi à l'entreprise de perdurer dans son développement[1].

Et le marketing ? Quelle est son éthique ?

Le changement du rapport à la morale touche aussi l'éthique du marketing dont les deux générations ont une perception différente.

Les baby-boomers ressentaient un préjugé moral contre tout ce qui ne défendait pas un idéal humaniste. Ils étaient donc enclins à faire aux hommes de communication le même reproche que celui adressé aux Sophistes il y a deux millénaires : admirés parce qu'habiles en paroles, ceux-ci étaient aussi critiqués parce que soupçonnés de manipuler l'opinion. Recherchés pour leur éloquence, ils étaient suspectés d'emporter la conviction par leur talent d'orateurs plus que par la justesse de leur cause.

C'est la même suspicion qui pèse parfois encore sur les hommes de marketing (et sur les avocats) : ils suscitent la

---

1. *Idem.*

même fascination et la même crainte de ne pas prétendre à la vérité absolue, mais de défendre une vérité relative, celle de leur client, quel qu'il soit ; ils réveillent la méfiance des baby-boomers envers le commerce. Le résultat est cruel, comme en témoigne un sondage anglais. Aux internautes, la BBC a dit : « *Voici une liste de 92 professions. Classez-les en fonction du respect et de la considération que vous leur portez.* » Six mille sept cent vingt-deux internautes ont tranché. « *Tout en haut : le docteur, suivi(e) de l'infirmier (ère), de l'instituteur (trice) et des pompiers* ». Et… « *Le fond du panier : le publicitaire (86ᵉ), les avocats (89ᵉ), les ministres (90ᵉ).* »[1]

Ce résultat qui témoigne de la crise des élites politiques révèle aussi un reproche particulier à l'encontre de l'avocat et du publicitaire, celui d'être des hommes de la vérité relative, de la parole payée, disposés à défendre demain l'adversaire ou le concurrent.

C'est dans le secteur public, et notamment éducatif, que ce jugement « moral » reste le plus présent. Ainsi m'est-il arrivé de prendre la parole sur les tendances de la publicité devant une assemblée de professeurs d'université, baby-boomers hostiles *a priori* au monde de l'économie et de l'argent. Avec un certain mépris, ils ont, d'entrée de jeu, critiqué la violence d'une compétition économique qui justifiait, à leurs yeux, le recours « vulgaire » au marketing et à la communication. Il m'a alors fallu rappeler que le monde universitaire, « drapé de probité candide et de lin blanc », n'était pas exempt de rivalités et de conflits d'intérêts catégoriels : la concurrence est âpre entre universitaires pour obtenir des crédits de recherche, gagner en reconnais-

---

1. *Le Monde*, 31 mai 2002.

sance, avancer dans la course aux citations… Comme par enchantement, le climat de l'intervention a changé : le monde des entreprises est alors apparu comme dur mais, *in fine*, plus franc et transparent sur sa finalité et ses modalités que celui, feutré, de l'université tenté de masquer ses concurrences intestines et ses stratégies de séduction, bref son marketing « souterrain » !

On voit ici la perception morale d'une génération et d'un milieu où le secteur marchand est souvent diabolisé et où **le marketing fait figure de « bouc émissaire » de la concurrence**, alors qu'il est davantage perçu par la génération suivante comme l'allié naturel des entreprises, dans la guerre économique et médiatique.

C'est cette même perception « morale » qui a incité les baby-boomers à surveiller la publicité sur les femmes, les enfants bien davantage que les livres, les feuilletons ou les films, à l'encadrer plus que l'information, à l'endiguer dans des écrans publicitaires et à l'enfermer dans des panneaux dûment identifiés, comme la « *crécelle d'une lépreuse* » (selon les termes de Michel Serres). Et à prévenir que son message est un message « commandé ». Au point qu'elle soit aujourd'hui plus décente et moins violente que nombre d'émissions, plus transparente et honnête puisqu'elle signe son message et dit « pour qui elle roule ». En va-t-il de même de toutes les professions ?

La nouvelle génération mesure l'éthique de l'entreprise au **respect de sa parole**. Elle traque les décalages entre le dire et le faire, dénonce l'hypocrisie et le mensonge et décode les intentions et « sous-titres » qui se cachent derrière la langue de bois, que celle-ci émane de l'entreprise ou de la politique.

Quant à la publicité qui n'a jamais caché sa finalité commerciale, si elle n'hésite pas à la critiquer, c'est moins avec un jugement moral qu'avec un jugement d'expert, tant sur son volume que sur un message qu'elle réprouve quand il est mauvais, peu créatif, peu pertinent.

*

* *

La question morale aussi sépare les deux générations.

Les baby-boomers poursuivaient un idéal et voulaient faire le Bien, mais ils ont souvent eu du mal à faire correspondre leurs aspirations et leurs pratiques.

Leurs enfants plus pragmatiques et relativistes cherchent d'abord à éviter de faire le mal et s'engagent au coup par coup.

Leur morale de l'entreprise aussi diffère : si les baby-boomers portaient volontiers un jugement sévère sur l'entreprise, leurs enfants voient en elle un acteur qui doit assurer une croissance rentable et respecter certaines valeurs, sans pour autant pouvoir se substituer au politique, à l'humanitaire ou au caritatif.

Et, si les pères accusaient volontiers le marketing d'être l'avocat de toutes les causes et le héraut de vérités partielles, diabolisant en lui leurs réticences vis-à-vis du secteur marchand, leurs enfants y voient l'outil adapté à la concurrence, et parfois son bouc émissaire. Mais eux qui ont intégré la règle du jeu économique s'appliquent davantage à critiquer l'hypocrisie des discours, les décalages entre le dire et le faire, et auscultent, en experts, la qualité de ce marketing et de cette communication.

Leur morale s'est déplacée vers le respect des engagements. Ils jugent moins la valeur morale à la hauteur des intentions qu'à l'utilité des réalisations et se montrent impitoyables sur les décalages éventuels entre les promesses et les actes.

Mais notre société peut-elle se contenter d'une éthique individualisée et d'un pragmatisme relativiste ? N'a-t-elle pas besoin, dans un monde qui déplace son centre de gravité vers d'autres cultures, de redéfinir ce qu'elle est prête à tolérer ou non ?

CHAPITRE 9

Du modèle adulte, grave, enraciné et corpulent au modèle ado, léger, nomade et svelte

De la gravité à la légèreté

Dans *Le Monde d'hier*[1], Stefan Zweig notait que les jeunes gens du début du XXe siècle, désireux de manifester rapidement leur maturité, s'efforçaient d'imiter leurs parents, d'adopter des postures imposantes et de prendre l'air « grave ». Aujourd'hui, ce sont les adultes qui s'empressent d'afficher une allure détachée et un air léger, et qui adoptent une mode et un langage « jeunes ».

Ce couple gravité/légèreté présente un paradoxe que Milan Kundera souligne dans *L'Insoutenable légèreté de l'être*[2] : c'est le seul couple de contraires qui ne soit pas assorti d'un

---

1. Stefan Zweig, *Le Monde d'hier*, Belfond, 1982.
2. Milan Kundera, *L'Insoutenable légèreté de l'être*, Gallimard, 1984.

jugement de valeur. Chacun des termes peut, tour à tour, être positif ou négatif car, selon les situations, il peut être convenable d'être grave comme bienvenu d'être léger. Chaque génération a donc autant de chances d'avoir raison mais chacune a connu une tonalité dominante.

Les baby-boomers, dans le contexte de l'après-guerre, ont dû prendre les choses au « sérieux » et ont accordé une prime à la gravité. Ils se sont engagés… sans distance humoristique.

Leurs enfants ont eu, eux, le loisir, par temps de paix, d'être plus légers : ils ont même fait de la lourdeur une incongruité, un anachronisme, une faute relationnelle : « T'es relou ! » Ils aiment le *soft*, le suggéré, le non-dit, l'humour et perçoivent comme « relou » tout cinéaste ou romancier à « message », comme anachroniques les déclarations emphatiques, comme ringard le ton militant, et plus fréquentables les registres ludiques et légers.

Aussi, que constaterait Stefan Zweig aujourd'hui ? Que la société de consommation appelle à « consommer avec modération » ! Que le nouveau modèle est celui de la légèreté de corps (il faut perdre l'embonpoint), de la légèreté d'esprit (il faut être *light* dans son humour) et de la légèreté de déplacement (il faut être léger pour être mobile). Il verrait l'obsession de notre société de consommation à perdre du poids quand une autre partie de l'humanité meurt de faim. Il constaterait aussi que les émissions de télévision s'appliquent à être sans gravité, sans « prise de tête », disait l'enseigne CARREFOUR dans sa publicité. Il observerait que la légèreté s'impose avec la mobilité et la circulation, que l'électronique se veut petite, légère, embarquée, portable, que les innovations, des sacs aux imperméables, regorgent de matières protectrices mais légères.

Et il conclurait à un monde où il faut savoir bouger, le pied léger, à un monde de nomades.

Du modèle terrien au nomade

Longtemps les générations se sont identifiées à leurs origines et leur terroir. Elles valorisaient tant l'immobilité, la stabilité et la continuité qu'elles stigmatisaient comme « parias » le nomade, l'étranger, l'apatride, le juif errant… privé de cet ancrage territorial. Leur respect de l'immobilité ressemblait à la posture de l'empereur Kagemusha[1] qui ne bronche pas à l'approche de l'ennemi et signe ainsi sa souveraineté (en ayant toutefois pris soin de préparer ses troupes à la victoire sans être acculé à se déplacer).

Or, la société postmoderne a dévalué le modèle terrien, enraciné et local, pour un modèle plus mobile, léger et « global » : nomade.

La nouvelle « élite » est composée de ceux qui sont mobiles, dans le *move* (*movida*). Ils arpentent le globe, glissent, slaloment dans une société de circulation, agiles, avertis et informés. Ils constituent une superclasse, se reconnaissent à leur anglais facile, à leurs repères d'hôtels, de restaurants, d'expositions temporaires, d'astuces contre le *jet-lag*. Ils ont fait des aéroports et des chambres d'hôtels leurs résidences secondaires. Mélatonine à la main, ils voyagent léger et agrémentent leurs obligations profession-

---

1. *Kagemusha*, film de Akira Kurosawa, 1980.

nelles de visites privées des endroits les plus remarquables de la planète. Certains ne peuvent plus « redescendre » sur terre et s'arrimer à un pays, une langue, une culture. Mais ces nomades « chics » ne sont-ils pas, pour le marketing aussi, *la* force d'influence, les nouveaux prescripteurs des tendances et métissages… au risque de reléguer les enracinés, les locaux, au rang de nouveaux exclus de la « société de circulation » ? Il n'est pas étonnant que les BLACKBERRY soient la dernière bioprothèse des hommes d'affaires et les téléphones « mobiles » celle des mères de famille affairées dans un rayon de proximité ou d'ados en quête de leur bande. Clés et portables sont désormais « greffés » au corps.

La société postmoderne est une société de « circulation » qui a fait basculer le modèle du grave au léger, du stable au mobile et du corpulent au svelte. Pour circuler et réagir rapidement, il faut rester agile.

Du corpulent au svelte

La corpulence a longtemps été signe d'opulence, comme le dit encore le terme « d'em-bon-point ». On imaginait hier le corps de « l'Autorité », celui de l'homme politique, comme massif et trapu : sa corpulence disait l'assurance et la maîtrise et pronostiquait sa capacité à gérer l'autre corps : le corps social.

Aussi la norme de la minceur est-elle récente : dans les classes aisées, il fallait plutôt savoir se « tenir » et se « retenir », par opposition aux classes populaires autorisées, elles, à déployer un corps sans corset, un corps « charnel » que la chrétienté plaçait sous haute surveillance.

Le baby-boom aura été la génération de la libération du plaisir du corps, plutôt que celui de l'esthétique. Ce n'est pas un hasard si Mai 1968 est né dans les dortoirs étudiants de Nanterre : la révolution des mœurs a porté sur le corps et sa libre disposition par les femmes[1]. Non plus le corps péché, mais le corps « plaisir ». Non plus le corps guindé par les conventions sociales, mais le corps expressif. Non plus le corps enrôlé, mais le corps agile et délié, prêt à se relier.

Aujourd'hui, le modèle n'est pas seulement celui d'un corps plaisir, mais d'un corps à rendre svelte, énergique et mobile, prêt à courir le marathon de la compétition économique et à concourir dans les palmarès médiatico-esthétiques.

Ce qui devient tabou est le corps « naturel », gavé, lâche, lourd, abandonné non plus à l'érotisme mais à la consommation : le corps qui n'obéit ni à l'impératif de mobilité ni à celui du *look*, qui n'est ni svelte ni esthétique. Impératif d'autant plus exigeant que l'individu n'a plus recours à l'artifice d'un corset (malgré les WONDERBRA et autres *push-ups*) mais qu'il doit se sculpter par le soin de soi et, à défaut, par la chirurgie esthétique.

C'est pourquoi l'obésité est un prisme de notre société.
Un prisme qui révèle nos peurs, nos fantasmes, nos aspirations. Elle est l'ennemi intérieur qui attaque « au cœur » de la société de consommation, médicalement par les maladies cardio-vasculaires qu'elle entraîne, et psychologiquement

---

1. En passant par la libération des mouvements, le port du pantalon et la création des collants DIM en 1968.

parce qu'elle signale les désordres nés des tentations de la société d'abondance comme la boulimie ou l'anorexie.

Mais surtout, elle est le syndrome d'une société écartelée entre les espoirs de profusion des baby-boomers et les dangers de leur réalisation, entre rétention et lâcher prise, entre discipline et licence.

Elle révèle la schizophrénie d'une société de consommation écartelée entre la profusion inégalée de son offre et la mise en garde de son discours qui invite à « consommer avec modération ». Écartelée entre le droit au plaisir et le devoir d'une alimentation équilibrée, entre la liberté des enfants et la responsabilité des parents, entre les tentations de grignotage et l'ordonnancement rituel des repas. Entre les autonomies revendiquées et les risques d'anarchie alimentaire. Entre les comportements individualistes et les besoins de codes collectifs, entre la volonté de chacun de maîtriser sa vie (son désir et son poids) et le désarroi de se sentir seul face aux efforts.

Écartelée symboliquement entre la satisfaction apportée et le désir à renouveler, notre société a littéralement perdu son « centre de gravité ».

L'obésité est aussi un prisme de notre responsabilité/culpabilité. Comment notre société regarde-t-elle les obèses ?

Elle les expose à des formes de discrimination à l'embauche, non seulement pour des postes commerciaux mais aussi pour des activités de *back-office*, car elle les soupçonne de manquer de volonté et de contrôle de soi[1]. Elle voudrait désigner des coupables, les *fast-foods* (MC DO), leur faire des procès comme aux États-Unis, au risque de nier la responsabilité de

____

1. Europe 1, le 23 septembre 2005.

chacun : « *C'est pas ma faute, n'est-ce pas* ? » La justice ne les a pas suivis mais la médecine, en identifiant les différences de prédispositions génétiques, pourrait relancer le débat.

Mais psychologiquement, les obèses doivent négocier leur image avec le modèle en vigueur. Et si certains revendiquent leur identité de « personnes fortes », la plupart avouent, *in fine*, leur désarroi à ne pas être conformes à ce modèle. Quant aux adolescents obèses, les psychiatres décodent leurs désordres alimentaires comme des signes d'anarchie et d'a-structuration de la personnalité. Car être *light* et *slim*, ce n'est pas seulement se fixer une norme « visible », mais faire preuve d'une structuration et d'un équilibre de vie exigeants.

Ainsi en une génération, on est passé du tabou du corps plaisir, « libidineux » à celui du corps, obèse, « lipidineux ».

Et quel est le modèle du marketing ?

Light, mobile, nomade, svelte… et jeune

Les arguments du marketing ont accompagné cette évolution : hier tournés vers la quantité et le choix, ils se sont déplacés vers les promesses de santé et de bien-être.

Le marketing a promu, dès les années quatre-vingt, la diététique en « hypo » avec ses produits « sans » (anti-cholestérol, *fat-free*, *caféine-free*, ou édulcorants sans sucre), puis une diététique en « hyper » avec ses produits « plus » (enrichis en fer, en fibre, en vitamines), pour proposer, dans les années quatre-vingt-dix, une *functional food* et ses alicaments, aux fonctions thérapeutiques. (Mais n'est-ce pas oublier que si le nominalisme est roi en marketing, tous les aliments, même ceux qui ne sont pas désignés comme « fonctionnels », ont un impact sur la santé ? Et que l'équilibre nutritionnel réside moins dans le produit que dans la nature, la quantité et la répartition des prises ?)

Le marketing reflète, en écho, l'écartèlement de la société de consommation. Il ne doit plus seulement tenter mais prévenir[1], nourrir mais soigner, être gourmand mais enlever des matières grasses ou sucrées, du sel. Inciter à consommer, mais avec modération. Promouvoir, mais avec des limites. Inviter à rester jeune, mais sans choquer les autres générations. Son modèle n'est plus celui de la réussite d'un homme mûr, ancré dans la terre, nourri de certitudes et dont la corpulence signe l'aisance mais celui d'un individu aisé, mobile, svelte, light et jeune d'esprit.

Les bobos n'en sont pas loin.

Les bobos sont-ils un modèle de marketing ?

On a beaucoup parlé de ces bourgeois-bohèmes. Des bourgeois, ils ont le pouvoir d'achat et le goût de beaux appartements. Des bohèmes, le souci de ne pas respecter les codes normatifs des bourgeois d'hier.

Mais ils ne veulent ni être étiquetés ni catalogués, pas même « bobos » revendiquant leurs contradictions, et peuvent avoir 55 ans comme 30 ans. Exerçant des professions libérales, intellectuelles, journalistiques, dans la communication ou l'informatique, ils habitent le plus souvent Paris. Ils détestent la consommation ostentatoire, mais sont hyper-

---

1. Depuis le 6 décembre 2005, les publicités alimentaires doivent apposer « une information à caractère sanitaire ».

consommateurs de technologie. Ils s'offrent de luxueux logements qu'ils décorent avec élégance, mais dans des quartiers populaires. Ils ont le loisir, rare, de jouir d'une liberté estudiantine, mais avec le pouvoir d'achat des adultes. Ils sont ouverts, tolérants et curieux de mixité sociale, mais inscrivent leurs enfants dans des écoles privées.

Ils profitent du meilleur des deux mondes. Gauche « caviar », mais ni de gauche ni de droite, ils affichent une insouciance qui frise l'inconscience, voire l'arrogance. Car pour ceux qui n'ont pas accès à leur niveau de vie, ils sont simplement des « bourgeois », débarrassés des conventions d'hier, et s'exprimant de manière plus créative et personnalisée.

Comme tout « modèle », ils sont autant enviés que jalousés parce qu'ils incarnent à la fois un défi de classe et de génération : d'une part, on les envie de jouir de la liberté et des privilèges des jeunes mais avec un pouvoir d'achat d'adultes. Et d'autre part, on les critique de représenter un mode de vie peu accessible dans une société centrifuge qui oppose ceux qui, aisés et instruits sont ouverts à un changement qu'ils peuvent maîtriser et ceux qui, plus démunis économiquement et culturellement, voudraient un monde de certitudes et d'assurance.

Décal-âge et *grey power*

Ce modèle agile, rapide, ouvert, est-il aussi « jeune » ? Brouillage des codes temporels : dans la jeunesse des baby-boomers, le modèle en vigueur était paradoxalement celui de la maturité. Et aujourd'hui où notre société vieillit, on dirait qu'elle n'a d'yeux que pour un modèle de jeunesse,

(jeunesse à laquelle elle n'accorde en fait que peu de place). Les âges officiels ont du mal à correspondre aux modes de vie et aux mentalités et les rites de passage ont perdu de leur valeur. Si avoir 21 ans pour un baby-boomer signifiait qu'il quittait son statut de « mineur » pour devenir « majeur », sérieux, grave et responsable et disposer du droit de vote et de conduire ; pour ses enfants, la majorité à 18 ans n'est pas le début de l'âge adulte mais plutôt de l'expectative, de « l'adulescence », l'autonomie financière s'acquièrant plus tardivement. On assiste à un décalage de modèle non seulement chez les jeunes, mais chez les baby-boomers qui n'endossent pas l'image de leurs artères, qui ne vivent pas leurs 60 ans, qui ne collent pas à l'image d'une retraite – retrait, mais plutôt à celle d'une liberté active.

Leur retraite ne sera pas leur « retrait » mais leur montée en puissance.

2006 sonne comme leur sortie du marché du travail. Mais ils ne battront pas en retraite. Détachés de leurs obligations professionnelles (et de leur devoir de confidentialité), ils auront le temps, la liberté de parole et encore l'argent. Ils ont l'envie de donner leur énergie à des sujets d'utilité publique, de participer au « retour des autorités », de redevenir des citoyens concernés. On les rencontre déjà en masse dans les colloques, les associations… et leurs cadets resteront dans les entreprises, en missions, en tutorat.

Ils vont inventer un nouveau visage de la vieillesse. Malgré une classe politique particulièrement âgée en France, leurs parents ont jusqu'ici été « bannis » de la société par les exigences économiques de la performance (avec des retraites anticipées) et celle esthétique des médias. S'ils ont pu jouir d'une retraite confortable, leur monde a été « liquidé », leur passé cloîtré dans les musées, leur rapport aux textes, à la culture classique, à la lecture, déclassé par les nouvelles technologies. Aussi est-ce une toute nouvelle étape qui arrive avec la présence massive des baby-boomers à la retraite. Qui ne manque pas d'inquiéter les trentenaires.

« Plus de retraités, moins d'actifs, on fait comment ? »[1] Est-ce un hasard si des romans, *comme Eternity Express* de Jean-Michel Truong[2], envisagent la « déportation » des seniors, si des essais comme *Le plan vermeil* de Régis Debray[3] imaginent de parquer les vieux dans un Bioland, ou si des films comme *Les Invasions barbares* de Denys Arcand officialisent le choix de l'euthanasie ? Violence latente dont on n'a pas encore pris la mesure : la règle économique va-t-elle conduire à « éliminer » ce qui n'est plus productif, quitte à distinguer un 3ᵉ âge « solvable » d'un 4ᵉ âge « coûteux ».

Les 25-35 ans vont-ils accepter de devoir s'occuper de leurs parents, eux dont ils constatent qu'ils ne leur ont pas préparé un monde accueillant ? Eux dont ils devront compenser les petites retraites, au moment même où ils auront à prévoir la leur ? Eux dont les grands principes n'ont pas été suivis d'effets… ? Eux qui souvent regardent leurs enfants avec incompréhension pour ne pas dire mépris d'avoir échappé à leurs codes culturels ? Eux qui souvent veulent revenir à leurs repères d'antan. Le décal-âge est à venir. Et le marketing des seniors à ses balbutiements.

---

1. Annonce publicitaire qui a lancé la réforme de la retraite et qui posait les termes démographiques et économiques du sujet, réalisée par Publicis Consultants.
2. Jean-Michel Truong, *Eternity Express*, Albin Michel, 2003.
3. Régis Debray, *Le plan vermeil*, Gallimard, 2004.

*

* *

Les modernes ont vécu en référence au modèle adulte d'un individu d'expérience, sérieux, grave, enraciné, corpulent et stable, auquel aspiraient les jeunes.

Aujourd'hui au contraire, la société postmoderne a promu un modèle *light :* léger, mobile, svelte et jeune. « C'est pas grave », n'est-ce pas ? Un modèle qui répond, dans une société de circulation, au besoin de se mouvoir dans la compétition économique mondiale et d'être reconnu dans une société médiatico-esthétique.

Mais, avec une société vieillissante, s'annonce le retour du refoulé : celui du *grey power,* des seniors, mais aussi de tous ceux qui ont le corps moins mobile, moins léger, moins svelte. De ceux qui ne peuvent pas courir le marathon. De ceux qui veulent du profond et du lourd. Du temps et du stable. De l'enraciné et du local. (Et, à leurs yeux, du sens).

Dans ce choc de valeurs, que vont faire les trentenaires des seniors ? Des seniors qui ont eu l'habitude de tenir les rênes et qui n'entendent pas s'asseoir sur un banc pour regarder passer leur vie.

De la République à la démocratie (directe...)

De l'unité républicaine à la pluralité démocratique

On n'a jamais autant parlé de la République. Et ce n'est pas un hasard. Hier, république et démocratie semblaient marcher main dans la main, comme indissociables d'un État de droit, mais, peu à peu, leurs chemins divergent.

La République pourrait presque servir de terme générique pour désigner la plupart des références des baby-boomers. L'État républicain était pour eux le garant d'une vision politique à long terme qui devait, dans l'idéal, faire prévaloir l'universel, le général et le laïc, dont l'autorité était respectée comme l'émanation des opinions de la majorité, et dont les institutions constituaient la médiation naturelle. La minorité fourbissait ses armes, mais se soumettait au scrutin majoritaire et attendait son tour. La République disposait de ses appareils d'État pour assurer unité et intégration. Son système représentatif, par paliers, faisait écho, à l'époque, aux médias de diffusion « top down », qui invitaient les élites politiques, syndicales, scientifiques, économiques ou culturelles plutôt que les citoyens.

Mais aujourd'hui, c'est la démocratie et même la démocratie directe qui fait référence pour les nouvelles générations. Gouvernement du peuple, elle se propose d'incarner les aspirations des citoyens dans un mouvement de bas en haut, se distinguant d'une République historiquement incarnée par un gouvernement qui dirige de haut en bas. Elle voudrait voir dans l'État « l'émanation » la plus juste du pays. Rien d'étonnant à qu'elle préfère, au scrutin majoritaire, la proportionnelle ; à la loi commune de la majorité, la défense plurielle des minorités ; ou qu'elle manifeste au sein de la laïcité une certaine tolérance aux pratiques religieuses dans le domaine public. Toujours au nom de la représentation littérale des électeurs, elle est plus sensible à la parité ou au communautarisme et trouve aujourd'hui écho dans des médias qui font constamment appel aux témoignages publics. À ce titre, elle est aussi suspectée de démagogie.

Si les baby-boomers ont été élevés dans le culte de la République et de ses politiques d'assimilation, leurs enfants sont davantage sensibles à la représentation de chacun, à la vivacité de la démocratie directe à la liberté d'expression des minorités.

Les baby-boomers prenaient la politique au « menu »

Les défis qui se posent aujourd'hui aux politiques cristallisent toutes les oppositions que nous avons abordées : le rapport de l'individu au collectif, celui de la raison aux émotions, la confiance ou non dans un futur maîtrisable, l'équilibre des droits et devoirs, les convictions universalistes ou différencialistes, la capacité de mobilité internationale, l'évolution de la morale et le modèle valorisé.

Et l'on s'étonne du décalage des institutions par rapport à la vie civile ! Concentrons-nous sur les principaux défis.

Les baby-boomers, qui ont vu dans le *citoyen* la part noble de l'individu et en ont fait le socle de leurs choix, ont choisi l'engagement politique au « menu ». Mais ils ont perdu avec la fin des idéologies une grande cause à défendre et ont mollement navigué entre libéralisme social et socialisme libéral. Ils ont laissé l'abstention devenir le premier parti et la classe politique être discréditée de la valeur de la chose publique. Ils se sont indignés d'entendre siffler la Marseillaise et de voir la République devenir une notion abstraite, sans référence au bien commun. Et ils se sont ralliés au vote *contre* Le Pen en 2002, sans toujours voter *pour* Chirac. Nostalgiques de l'époque où les camps étaient clairs, les positions tranchées, les appartenances fidèles, les logiques de vote cohérentes, ils n'ont pas osé pendant long-temps formuler leurs regrets, de peur d'être perçus comme « réacs ». Notamment à gauche.

Aussi, ce sont eux qui se sont un peu ranimés au moment du débat sur l'Europe. Eux qui, inquiets de la montée des inégalités, des défis du multiculturalisme en France, du terrorisme, des défis de l'éducation et de la recherche, aspirent au « retour du politique »[1]. Eux aussi qui n'osent avouer une

---

1. « *Le retour du politique* » fut notamment le thème du groupe de réflexion Laser dirigé par Philippe Lemoine, fin 2005.

sorte de *jubilation* devant la crise des banlieues, qui oblige à se confronter aux véritables enjeux. Non qu'ils aient des solutions miracles, mais le sentiment de se retrouver en terrain « connu ».

Mais ils sont aussi ceux qui n'ont pas préparé le terrain politique à la génération suivante. Ceux qui n'ont pas anticipé l'impact de la mondialisation et des nouveaux équilibres locaux/globaux. Ceux qui n'ont pas prévu l'évolution du modèle social, réévalué le rôle de l'économie dans la politique, redéfini celui de la nation au sein de l'Europe. Ceux qui n'ont pas ouvert les portes aux jeunes. Ceux qui, désormais, passent d'excuses en repentances. Ceux qu'Alain Finkielkraut a peut-être choqués mais à qui il a permis d'en finir avec la honte de soi et la discrétion gênée de la France sur ses valeurs : comment, en effet, faire respecter ces valeurs si les Français eux-mêmes n'en montrent ni la fierté ni l'exemple ?

Leurs enfants ont choisi « la politique à la carte », en self-service

Leurs enfants ont une autre culture politique : ils n'ont vécu ni la Deuxième Guerre mondiale, ni la guerre froide, ni la guerre d'Algérie, ni l'Indochine… ni le Vietnam. Via les médias, ils ont vu les conflits en Bosnie, au Rwanda, en Tchétchénie ou dans le Golfe, mais sans incidence significative sur leurs modes de vie (même si certains importent le conflit israélo-palestinien).

Leur culture politique, sans transmission de leurs parents, s'est nourrie des années de cohabitation et a lié dans leur esprit les bilans de la gauche et de la droite. Ils ont vu les affaires se multiplier et le climat politique… se résumer en un « tous pourris », et en ont tiré une profonde méfiance envers les élites, préférant aux engagements définitifs de leurs parents une distance prudente, parfois cynique, voire une inclination risquée pour les tentations populistes.

Aussi se comportent-ils en politique, comme dans les autres domaines de leur vie, en consommateurs éclectiques. Ils n'attendent pas « le grand soir » mais des mesures concrètes pour aujourd'hui. Ils goûtent, du bout des lèvres, choisissent leurs adhésions au cas par cas. En zappant. Ils partent de leurs préoccupations personnelles et se demandent quel candidat y souscrit le mieux. Ils aspirent à une politique au service des citoyens, comme ils le demanderaient d'une entreprise. Moins idéalistes que leurs parents, ils s'abstiennent ou s'en tiennent à des revendications catégorielles, au point de d'inverser l'injonction de John Fitzgerald Kennedy : « *Ne demande pas ce que ton pays peut faire pour toi, demande-toi ce que tu peux faire pour ton pays.* »[1] (Et de faire de leur intérêt d'individu-consommateur le fondement de leur option de citoyen.)

Quant à la génération des 15-20 ans, elle ne dit mot. Mais quand une partie d'entre elle s'exprime dans les banlieues, c'est par des actes violents. Sans revendication. Sans relais. Sans message explicite. Parce qu'elle n'a rien à perdre… et donc à négocier. Violence et silence qui interpellent une classe politique perplexe, inquiète et déstabilisée quand ses interlocuteurs échappent à ses codes.

---

1. Extrait du discours d'investiture du 20 janvier 1961.

Halte à l'hypocrisie

Contrairement aux baby-boomers qui exigeaient un projet politique convaincant, les 25-35 ans exigent eux qu'on ne leur mente pas. Ils savent que la mondialisation est le nouveau terrain de jeu mais que les hommes politiques n'ont qu'une marge de manœuvre nationale. Ils connaissent le parcours imposé, de stages en CDD. Ils ont vu la Bourse applaudir aux suppressions d'emploi et ne croient pas aux lendemains qui chantent. Ils savent que le rendement du capital est supérieur à celui du travail et mesurent l'augmentation des inégalités. Et ils parviennent même à ne pas en tirer un pessimisme excessif puisqu'ils ont toujours connu la crise.

Mais ce qu'ils ont du mal à supporter, c'est l'hypocrisie des politiques à ne pas reconnaître que le pays est sur la défensive. Ils détestent l'idée qu'on leur mente, plus encore que celle d'avoir à se battre. Ils supportent mal que les politiques aient l'âge de leurs grands-parents, et qu'eux soient si peu représentés. Ils ne supportent plus que la France multiculturelle n'ait que des médiateurs bon teint. Et ils n'ont pas de respect pour une génération politique qui continue d'étalonner ses appartenances et rivalités gauche/droite aux référents d'hier.

La tentation postmoderne de la démocratie directe

Les jeunes ne sont pas les seuls.

La politique plus que tout autre sujet concentre les mécontentements : 78 % des Français pensent que les élus ignorent leurs problèmes et 76 % n'ont pas confiance en eux ; 59 % jugent la vision de ces élus trop électoraliste, 34 % trop à court terme, 21 % trop idéologique, 19 % trop économique et enfin 14 % trop technique[1].

Ce mécontentement fait progresser la vision postmoderne et la tentation de la démocratie directe : de plus en plus nombreux sont ceux qui mesurent la valeur de la politique à sa capacité d'écoute et à la vivacité de sa démocratie. Une démocratie qu'ils imaginent comme un mouvement de bas en haut, proche des individus et respectueuse de la représentation des divers courants. Aussi sont-ils enclins au soutien de la proportionnelle et des petites listes, au risque d'éparpiller leurs votes comme en 2002 ; au risque aussi de flirter avec la démagogie, le populisme et le corporatisme.

Ainsi, alors que les baby-boomers regrettent l'absence de médiation des élites, des avant-gardes, leurs fils sont-ils tentés par la démocratie directe et, comme aux États-Unis, par les référendums d'initiative populaire. Selon une étude récente du Public Policy Institute de Californie, 72 % des Californiens sont d'avis que les décisions budgétaires devraient être prises par l'électorat plutôt que par le corps législatif. Opinion partagée y compris dans les communautés raciales et ethniques où 60 % à 70 % des Asiatiques, des Noirs et des Latinos y sont favorables[2]. Comme l'explique John G. Matsusaka : « *Quand la République a vu le jour, la grande majorité des citoyens étaient peu instruits et savaient à*

---

1. Sondage du *Parisien* du 10 octobre 2005.
2. « Vent en poupe pour la démocratie directe » de John G. Matsusaka, professeur de droit de la University of Southern California in *Los Angeles Times* repris dans le *Courrier international* du 23 au 29 juin 2005.

peine lire. » Ce qui justifiait un système de représentation. Mais aujourd'hui où « *85 % ont un diplôme du secondaire et plus d'un quart un diplôme universitaire* [où] *la technologie permet d'avoir accès à un vaste corpus d'informations* », a-t-on encore besoin de représentants ayant « *le monopole de la connaissance ou de la sagesse* » ? La démocratie directe devenant ainsi la voie « *où le corps législatif est éclipsé par le peuple* ».

Cette démocratie directe séduit particulièrement la nouvelle génération, qui y retrouve son système « naturel » de fonctionnement : *bottom-up, peer to peer*, individualisation des opinions, rapidité des questions/réponses via son média privilégié, le net. (Certains hommes politiques l'ont compris qui occupent le terrain via leurs blogs.)

Mais elle convainc moins la génération des modernes pour qui la politique suppose, au contraire, un système de médiation capable de filtrer les informations et de relayer les mesures. Eux attendent qu'on leur « propose » un projet de société et qu'ils « disposent ». Eux voient dans l'État républicain le garant de l'intérêt général et sont favorables au scrutin majoritaire. Eux acceptent de se plier à la discipline d'un parti comme un gage d'efficacité (et parfois jusqu'à la mauvaise foi) et s'indignent du « droit » à la « désobéissance civile ». Examinons deux actes qui démontrent cette évolution vers une vision postmoderne de la politique.

1er exemple : les élections de 2002

Du côté des candidats, pas de surprise : le casting Chirac/Jospin était connu. Mais les héros récurrents n'en ont pas moins tardé à se déclarer, laissant le pays parier, moins sur les programmes que sur les dates de déclaration de leurs candidatures ! Et quand celles-ci ont été officielles, elles n'ont été accompagnées d'aucun programme ! Ceux-ci ont été dévoilés, respectivement, le 14 et 18 mars, soit un mois après l'annonce des candidatures.

D'où, pendant un mois, le besoin de meubler.

D'où la psychologisation effrénée de la vie électorale. Et Bernadette et Sylviane de monter au créneau : « *En 2002, pour la présidentielle, l'Élysée fera campagne en couple* »[1], « *Chirac veut utiliser l'image de son épouse pour gagner sur sa droite* »[2], « *Deux épouses dans les stratégies de communication* »[3].

D'où les petites phrases et les attaques personnelles. Lionel Jospin déclarant, au retour de La Réunion que « *Chirac était vieilli, fatigué et usé* », Jérôme Monod ripostant : « *Jospin est le seul homme qui déraille en avion.* »

D'où le jugement à l'émotion : comparant la « passion » de Chirac à la « probité » de Jospin. Il n'est question que du caractère des hommes, de leur énergie, comme s'il suffisait d'énoncer des valeurs pour se positionner. Il faudra le coup de tonnerre des résultats du premier tour pour réaliser qu'il fallait autre chose que ces petites phrases pour convaincre les Français. Car la psychologisation de la campagne n'a pas permis de trancher : à 10 jours des élections, une grande partie de l'électorat n'a pas arrêté son choix.

Bilan ? Un « cocktail postmoderne » dans lequel la méfiance envers les politiques a nourri l'abstention du premier tour, la souveraineté des partis institutionnels a été attaquée par

---

1. *L'Express* du 20 mars 2002.
2. *Le Monde* du 22 octobre 2001.
3. *Le Monde* du 26 mai 2001.

les listes mineures offertes comme sur un linéaire ; et des extrêmes qui ont capitalisé un sentiment de mécontentement plus qu'une adhésion à un programme politique.

Les Français ont ainsi voté *contre* le système politique au premier tour et *contre* l'extrême droite au second tour. Mais qui a voté pour ?

2ᵉ exemple : le référendum sur le traité constitutionnel

Deuxième fiasco politique. Non pas celui du « non » – respectons le vote du pays – mais l'ambiguïté de ce « non », que nous proposons d'interpréter comme :

- **Un vote d'opposition** entre modernes et postmodernes :
  - le président de la République a privilégié l'approche postmoderne de la souveraineté populaire alors que les autres pays avaient choisi la médiation représentative du Parlement,
  - les Français ont montré leur passion pour la politique, la vraie, celle du « projet de société européen » mais aussi leur désarroi vis-à-vis des institutions et des partis politiques traditionnels qui dévoilaient leurs déchirures internes,
  - ils attendaient de se prononcer sur un modèle « politique » de société pour l'Europe et la classe politique leur a proposé un débat « technique » sur les modalités de fonctionnement des institutions européennes (comme si, au restaurant, au lieu de voir la carte des plats, on leur demandait leur avis sur la manière d'organiser la cuisine),
  - enfin, ils ont entendu les politiques leur parler des obsessions des pères fondateurs de l'Europe de mettre

fin à la guerre *politique*, alors qu'eux attendaient une réponse à la guerre *économique* au sein même de l'Europe. D'où le fameux plombier polonais…

- **Un vote de génération.** Le pays s'est divisé entre plus âgés qui ont plutôt voté « oui » et les plus jeunes « non » à 60 %.

  Les baby-boomers ont vu dans le référendum l'embryon d'un projet collectif, macro – la *global picture* –, la poursuite de la paix en Europe, le choix de la raison, le futur, l'intérêt général, la volonté de construire.

  Leurs enfants ont, eux, réagi contre les institutions lointaines, contre les menaces économiques, contre leur peur de ne pas avoir une vie meilleure que leurs parents, contre un texte difficile à lire, contre un présent qui leur fait peu de place, et pour une demande de protection.

- **Un vote de classe.** Enfin, ce vote a mis en lumière la fracture entre les nantis (ceux qui ont les moyens économiques et culturels, qui parlent anglais, surfent sur le net) et les démunis (ceux qui ont peu de moyens, moins d'instruction, parlent seulement français[1]). Nous y reviendrons.

Et la gauche ? Écartelée ?

Elle a plus que la droite pâti de l'évolution politique. En effet, elle qui trouvait son sens et sa légitimité dans la transcendance et la confiance du « projet socialiste » s'est retrouvée particulièrement exposée depuis 20 ans à un manque de boussole. Elle a alors choisi d'accompagner la

---

1. Pascale Weil, « L'imaginaire du oui, mais…», Revue de Publicis Consultants publiée début mai 2005.

postmodernité, elle a défendu les droits, parfois au détriment des devoirs, elle s'est divisée en courants centrifuges, elle a misé sur la parité, mais s'est scindée violemment sur l'Europe.

Culturellement, elle se retrouve écartelée entre sa culture moderne et sa tentation postmoderne. Elle qui avait depuis le XIXe siècle un héritage nourri d'efforts, de devoirs et de luttes pour la dignité a été depuis 68 associée aux valeurs « libertaires » : elle qui incitait, hier, à apprendre, faisait de l'instituteur son héros, militait pour l'éducation des filles, a promu une culture des « droits à » et des différences identitaires au point d'être désormais tenue pour responsable de politiques « laxistes ». Aujourd'hui, elle oscille entre parti de gouvernement et gauche altermondialiste, entre gauche ouverte sur le monde et crispée sur la nation. Entre deux générations aussi.

Et la Nation dans la mondialisation ?

La différence la plus importante entre les deux générations est l'échelle de la mondialisation. Les politiques qui jouaient à l'échelon national se servent de la mondialisation comme raison et, parfois, excuse à leur impuissance.

Quelle en est la perception ? Le sondage « Les Français, la mondialisation et l'OMC »[1] révèle que « *pour un Français sur deux, la mondialisation est plutôt une source de crainte qu'une source d'espoir (52 % contre 38 %). Ce sentiment (…) est particulièrement dominant chez les 50-64 ans (56 % au lieu de 45 % chez les 25-34 ans), les personnes ayant un*

---

1. Ce sondage, réalisé par BVA opinion, dont l'analyse est signée Jérôme Sainte Marie, a été commandé par Terre Solidarité avec Europe 1 et *Libération* et publié le 12 décembre 2005.

diplôme inférieur au bac (56 % au lieu de 48 % parmi les plus diplômés) et celles disposant de revenus moyens inférieurs (54 % au lieu de 44 % chez les revenus supérieurs)… à l'extrême droite (68 %) comme à l'extrême gauche (67 %) ».

Les bénéficiaires ? *« Les Français considèrent massivement que les "actionnaires des multinationales" sont les grands gagnants de la mondialisation économique et financière (…), tout particulièrement chez **les interviewés dont les revenus sont les plus élevés (88 %)**. Selon eux, les habitants des pays les plus développés y gagnent en tant que consommateurs (54 %) mais y perdent en tant que salariés (57 %) ».* Mais les consommateurs de demain ne sont-ils pas les salariés d'aujourd'hui ? D'où un *« sentiment de sympathie à l'égard des mouvements altermondialistes partagé par 50 % des Français. (…) Les jeunes exprimant plus de sympathie (61 % parmi les 25-34 ans). (…) Comme les sympathisants de gauche et d'extrême gauche (64 % et 67 % d'opinions favorables) ».*

Si les plus exposés sont naturellement les plus craintifs, les bénéficiaires ne sont pas rayonnants d'optimisme défiant le politique d'apporter une réponse nationale à une question mondiale.

*

* *

Au-delà du clivage gauche/droite, le choc de valeurs entre modernes et postmodernes affecte la vie politique.

En effet, les baby-boomers continuent d'attendre une politique « au menu », une vision d'ensemble et des partis pris tranchés. Sensibles à ce qui rassemble, ils espèrent des appareils d'État capables de favoriser à nouveau l'unité de la

République et restent confiants dans le besoin de médiation. On les sent prêts à redresser la tête devant les défis du pays et ceux de l'Europe. D'autant plus que, proches de la retraite, ils auront plus de temps à y consacrer et une totale liberté de parole.

Leurs enfants qui ont connu les scandales politiques et judiciaires et la dégradation de la situation économique se comportent moins en partisans politiques qu'en consommateurs occasionnels : loin des engagements définitifs, ils pratiquent la politique « à la carte » et font dériver leurs choix de citoyens de leurs intérêts de clients. Ils sont surtout plus attentifs à l'expression de « bas en haut » et entre pairs que permet une *démocratie* directe, vivante, respectueuse de la diversité, dont ils attendent surtout moins d'hypocrisie et de mensonge.

Aussi la classe politique est-elle face à un défi immense : décrédibilisée, elle doit répondre aux inquiétudes des Français, démontrer sa confiance dans l'Europe, y redéfinir son propre rôle, tenir compte des aspirations citoyennes à la démocratie directe et répondre, sans langue de bois, à la nouvelle donne mondiale, elle qui a été formée à l'école de la nation.

Et éviter la bipolarisation croissante entre une gauche tentée par l'altermondialisme et une droite par les politiques sécuritaires[1].

---

1. Le sondage de TNS Sofres du 15 décembre 2005 pour *Le Monde* et RTL montre que les thèses de Le Pen sont approuvées par 24 % des Français. Mais attention : ne confondons pas la légitime valorisation des valeurs de la France avec les thèses du FN.

Mais surtout elle devra prendre en considération le fait que les deux générations ne partagent pas les mêmes critères de jugement.

Les baby-boomers s'attachaient plutôt à la nature du projet politique, leurs enfants à la transparence de la démarche.

Les parents voulaient croire à une société meilleure, les enfants aimeraient se fier à l'honnêteté des acteurs.

Les premiers jugeaient les messages politiques à leur contenu, les seconds à l'intentionnalité de leur source.

Les premiers auscultaient plutôt la cohérence du discours ; les seconds, les réalisations des promesses.

Les baby-boomers acceptaient volontiers de se plier à la discipline de parti, leurs enfants aspirent surtout à s'exprimer dans la plus grande liberté.

Les premiers valorisaient l'unité de la république, les seconds la vivacité plurielle de la démocratie.

Ainsi, on pourrait dire que pour les baby-boomers, la finalité du projet « justifiait » les moyens, alors que pour leurs enfants, ce sont les moyens qui crédibilisent la fin.

Transparence oblige : la classe politique aura-t-elle le courage de dire que s'ouvrent une ère nouvelle et une rupture, après 500 ans de centralité occidentale, et de prendre RV avec la nouvelle génération sur cette base ?

Les systèmes de valeurs et imaginaires des baby-boomers et de leurs enfants

	La modernité 1960-1970 Imaginaire d'opposition	La postmodernité 1980-2000 Imaginaire de fusion puis d'alliance	Le marketing de la postmodernité	Depuis 2000 Le nouvel imaginaire
1.	Le primat du projet politique Le collectif Les baby-boomers constitués en génération Le pouvoir de voter d'un citoyen-militant La démocratisation des biens : pour tous	Le primat de l'économie L'individu Leurs fils non constitués en génération Le pouvoir d'acheter du client L'individualisation des biens : pour chacun	L'entreprise Le ciblage de la personne Les choix singuliers Le pouvoir d'acheter du consommateur La personnalisation de la consommation	Le défi du projet collectif, de la place du politique et du symbolique.
2.	La société pyramidale L'autorité du Père Le respect ou l'opposition à la hiérarchie Le modèle androcentrique La famille centralisée autour du chef de famille Les organisations et entreprises pyramidales	La société fragmentée, matricielle Les connexions entre Pairs Les relations de négociations entre pairs Le modèle de mixité La famille recomposée et alvéolaire Les organisations en râteaux et réseaux	La société fragmentée en « cibles » L'interactivité, les relations Le marketing relationnel, le street Le rééquilibrage vers le féminin La consommation pour la maison alvéolaire Les réseaux et le buzz marketing	Le défi des autorités, des élites vs base. Le défi de l'égalité dans la mixité : hommes/femmes.
3.	La quête de vérité par l'objectivité Le recul de l'analyse, à froid Le moi haïssable La recherche des références universelles	La quête de vérité par les subjectivités Le vécu, en direct (info. un peu vraies sur le net) Le moi aimable Les préférences personnelles	La subjectivité du client Le témoignage en direct Le moi, valeur de toute chose Les préférences	Le défi de la représentation : médiation ou confrontation directe ?

	La modernité 1960-1970 Imaginaire d'opposition	La postmodernité 1980-2000 Imaginaire de fusion puis d'alliance	Le marketing de la postmodernité	Depuis 2000 Le nouvel imaginaire
4.	La raison *Je pense donc je suis* La primauté de l'esprit La culture du texte La logique linéaire démonstrative Le QI et le management par objectif	L'émotion *Je ressens donc je suis* La primauté du corps qui dit la vérité La culture de l'image/musique La logique impressionniste, l'incrustation Le QE et le management par les valeurs	L'émotion *J'aime/j'aime pas, donc je suis* Le marketing expérientiel L'impact des images/musique Le marketing des 5 sens Le marketing des valeurs	Le défi de la raison face aux émotions dans un monde de circulation des images.
5.	La confiance dans le futur et le Progrès Le projet de nouvelle société La vision du long terme Le temps de la construction Le sens de la chronologie, du récit	L'ambivalence du futur et du Progrès L'investissement dans le présent La dictature du court terme La haine de la lenteur L'arrêt sur image, le brouillage des codes temporels	La jouissance du présent La satisfaction immédiate L'impératif du court terme La vitesse ADSL La capture de l'instant, brouillage, vintage	Le défi du Temps sur l'Espace de la mondialisation, de l'anticipation et du durable.
6.	Le devoir de l'effort La morale de l'effort L'éducation : élever vers le haut, instruire L'obéissance à la loi de la majorité	Le droit au plaisir Le jugement de l'effort L'éducation : à l'écoute de l'élève, de la base Les droits des minorités	Le must du plaisir La rentabilité de l'effort La satisfaction : à l'écoute du public La négociation des intérêts respectifs	Le défi de l'équilibre des droits et devoirs, du plaisir et de l'effort.
7.	L'universalisme : des hommes égaux Le devoir d'égalité La primauté de l'intérêt général La loi pour tous L'assimilation républicaine, à la française	Le différencialisme : des hommes différents Le droit à la différence La négociation des intérêts particuliers La discrimination positive, les quotas, la parité Le communautarisme, à l'anglo-saxonne	Le ciblage : des désirs différents La valorisation des différences Les souhaits ou intérêts des cibles Le respect des différences de cibles Le « clientélisme »	Le défi de la société multiculturelle : être égaux ne veut pas dire être identiques.

Les systèmes de valeurs et imaginaires des baby-boomers et de leurs enfants

	La modernité 1960-1970 Imaginaire d'opposition	La postmodernité 1980-2000 Imaginaire de fusion puis d'alliance	Le marketing de la postmodernité	Depuis 2000 Le nouvel imaginaire
8.	La morale, absolue Les idéalistes Viser le scénario rêvé, souhaitable	L'éthique, relative Les pragmatiques Prendre le scénario réaliste, la solution pratique	Le donnant-donnant Les « courtisans »… du « client roi » Choisir au cas par cas	Le défi du souhaitable vs le réel.
9.	Le modèle de l'enraciné, du terrien, stable Le modèle national, la langue locale Le modèle du grave, du corpulent, du sérieux Le modèle de l'adulte La valeur de l'expérience	Le modèle du nomade Le modèle international, l'anglais Le modèle de la légèreté, du light, du svelte Le modèle de l'ado La valeur de la nouveauté, de la jeunesse	Le modèle du nomade La référence internationale, l'anglais Le modèle de l'humour *light*, ludique Le modèle du corps ado, svelte et humour Le jeunisme	Le défi des laissers pour compte du modèle du marathon mondial de la performance. Le retour de l'expérience ?
10.	La République La politique au « menu » La ligne du projet La crédibilité du contenu La valeur du discours L'obéissance au parti La médiation des représentants L'échelle de la Nation	La démocratie La politique « à la carte » La transparence de la démarche La crédibilité de la source L'image des actes L'expression libre La démocratie directe L'échelle de la mondialisation	La satisfaction des clients La satisfaction « à la carte » La transparence commerciale La crédibilité des marques La perception des produits L'interactivité avec les clients Les sondages et les études marketing L'internationalisation des marques	Le défi de la rédéfinition de la Nation dans la mondialisation. Le défi de la concordance du Vouloir, du Faire et du Dire.

Deuxième partie

POINT D'INFLEXION

CHAPITRE 11

Deux modèles inversés

Les deux générations ont développé des modèles inversés

Conflit de génération ? Non pas sous une forme ouverte, mais ces générations s'opposent point à point.

Les baby-boomers, élevés dans le respect des devoirs, de l'effort, de l'obéissance, des institutions, ont eu la chance de connaître le plein-emploi, la croissance et la liberté sexuelle. Ils n'ont eu de cesse de se libérer des disciplines et des rigueurs devenues à leurs yeux surannées et ont ouvert la voie à la société de consommation.

Leurs enfants vivent la situation inverse : élevés dans le confort matériel, ils doivent affronter les risques de chômage, l'accroissement des inégalités et la nouvelle donne de la mondialisation, de l'internet et des défis écologiques, alors même qu'ils n'ont ni repères, ni normes, ni code de la route après les déstructurations initiées par leurs parents.

**Éducation dure, vie douce, pour les premiers.
Éducation douce, vie dure pour les seconds.**

Leurs bilans s'avèrent symétriquement mitigés

Bilan mitigé des baby-boomers qui projetaient leurs espérances dans des modèles macro-politiques et aspiraient à des formes de transcendance mais qui ont échoué à mettre en pratique leurs grands principes d'égalité et d'assimilation dans une société devenue multiculturelle. Et qui se trouvent aujourd'hui écartelés entre leurs idéaux et leur bilan.

Perspective mitigée de leurs enfants qui, méfiants et pragmatiques, ne rêvent pas à une société utopique. C'est ici et maintenant qu'ils jugent leur vie, dans l'immanence postmoderne, en *collant au réel*. Sans prétendre influer sur le cours des choses, ils adoptent une posture « réaliste », opportuniste mais souvent fataliste, au risque de renoncer au souhaitable.

Résultat : les baby-boomers regardent leurs enfants en regrettant leur manque d'idéal, qui déplorent en retour leur manque de responsabilité et de réalisme !

Leurs modes de contestation aussi sont aux antipodes l'un de l'autre

C'est collectivement et publiquement que les baby-boomers ont, en 68, porté leur révolte par une rupture visible, bruyante. Ils ont voulu changer la vie par des expériences politiques ou *peace, love and music* (Woodstock).

Leurs enfants, eux, n'ont pas choisi de contestation de masse mais ont créé leurs propres modes de vie, par-delà une fracture invisible, souterraine et silencieuse. Silence trompeur... car eux aussi ont « tué leurs pères ». Mais, sans confrontation...

Tels pères... mais quels fils !

Ils se distinguent enfin sur leur rapport au marché

Les baby-boomers et leurs enfants se différencient encore par leur rapport au marché. Alors que les premiers pouvaient, s'ils le souhaitaient, exprimer leur critique auprès de contrepouvoirs syndicaux ou politiques puissants, leurs enfants ne disposent pas de « hors-jeu », si ce n'est dans la marginalité : ils font « avec ».

C'est pourquoi on trouve une parenté si étroite entre la société postmoderne et le marketing dans leur manière de rencontrer l'individualisme, de célébrer les émotions et le bien-être, de s'inscrire dans l'immédiat de la satisfaction, de répondre à la diversité des besoins...

Le marketing est même devenu le mode naturel de fonctionnement de la société postmoderne, dans les entreprises, l'État, les institutions, les organisations, les associations. Il est convoqué pour les aider non à imposer leurs vues mais à convaincre et séduire, quand aucun d'entre eux ne peut se contenter d'exiger sans sensibiliser, expliquer ou plaire.

Mais son omniprésence signifie que notre société obéit **non seulement à une « économie de marché » mais parfois à une « société de marché », à une « société marketée ».**

« Société de marché » ? Le doute se répand

L'économie de marché est, dans l'ensemble, reconnue… C'est la société de marché qui pose question. Est-ce le modèle que nous voulons défendre ? Souhaitons-nous ne satisfaire que la demande solvable au risque d'ignorer ceux qui n'ont pas les moyens de se nourrir, de se loger, de se soigner ? Souhaitons-nous régir les politiques de santé par le seul ordre marchand quand la population vieillit ? Considérer nos enfants seulement comme des « clients » de l'éducation ? Et envisager toutes les relations *in fine* comme des relations marchandes ?

Les baby-boomers en doutent parce qu'à leurs yeux l'économique doit trouver sa finalité et son guide dans un projet politique[1]. Et s'ils acceptent « l'économie » de marché, ils se montrent critiques sur la « société » de marché à laquelle ils veulent fixer des limites.

Leurs enfants doutent aussi, mais sont plus résignés : ils considèrent l'économie de marché comme la règle et le circuit imposé auquel ils espèrent participer. Aussi tentent-ils seulement de trouver, au-delà, des relations extra-marchandes : avec la famille et les amis, comme des îlots de protection dans un « monde sans pitié » tout en affirmant leur « sympathie » pour les mouvements altermondialistes et leur confiance dans les ONG.

---

1. Ils sont par exemple préoccupés par le fait de ne pas s'occuper personnellement de leurs parents, en les accueillant sous leur toit comme les générations précédentes, mais de les placer en maison de retraite. Et de régler ainsi par l'argent ce qui se réglait par la relation (Robert Rochefort, *Vive le papy-boom*, Odile Jacob, 2000).

Mais les élites aussi, doutent. Car contrairement aux autres générations, les doutes ne proviennent pas seulement des oppositions politiques, des exclus ou des groupes de pression, mais des élites elles-mêmes. Celles-ci s'inquiètent non seulement du mauvais fonctionnement du système (et d'un taux de croissance trop faible) mais de l'évolution du modèle capitaliste vers sa financiarisation. Elles aussi attendent une « tour de contrôle » de l'économie : « *Les cours de Bourse ne peuvent servir d'unique boussole à l'action de l'entreprise et il faut "face aux marchés, la politique"* », écrit Anton Brender[1] qui poursuit : « *Le capitalisme est un moteur, mais pour que le véhicule avance, quelqu'un doit s'installer au volant… […] Dès 2000, on cumulait toutes les prévisions de profits attendus par la Bourse pour 2005, on se rendait compte que cela supposait une progression des bénéfices totalement incompatible avec un rythme de croissance plausible pour l'économie américaine… C'était à une autorité supérieure d'apporter cette intelligence extérieure indispensable au bon fonctionnement du capitalisme.* » Au nom même de l'économie, les élites réclament le retour du politique, mais à l'échelle des défis de la mondialisation. « *Aujourd'hui, le défi consiste à trouver le juste équilibre entre l'État et le marché, entre l'action collective locale, nationale et mondiale, entre le gouvernemental et le non-gouvernemental* » résume Joseph E. Stiglitz[2].

Quant à l'opinion, elle doute des hommes politiques, des effets de la compétition des entreprises, des traitements sensationnels des médias, d'une justice congestionnée, d'une Europe sans dessein.

---

1. Anton Brender, *La France face à la mondialisation*, La Découverte, 2004.
2. Joseph E. Stiglitz, prix Nobel d'économie, *Quand le capitalisme perd la tête*, Fayard 2003.

Comment une société peut-elle fonctionner alors que tous doutent de ses modalités ?

Point d'inflexion : l'urgence de nouvelles règles du jeu

Ainsi est atteint le point d'inflexion : celui de la prise de conscience collective que ces deux modèles sont renvoyés dos à dos et qu'il faut inventer de nouvelles pistes.

La tentation « réactionnaire » du retour en arrière ? La première tentation est d'en appeler à la restauration des autorités et à une stratégie du « retour » : retour du politique, du devoir de laïcité, de l'équilibre des droits et devoirs ; retour de la discipline à l'école (*Le Point* titrait le 30 septembre 2004 : « La nostalgie de l'autorité »[1]) ; et du « goût de l'effort ».

Mais si ce retour de balancier peut être à certains égards salutaire, méfions-nous du « c'était mieux hier » et du soudain respect des baby-boomers pour l'autorité ! Penchons-nous plutôt sur le fait que dans l'histoire, les sociétés ont régulièrement tenté d'encadrer le développement du marché par le politique ou le religieux… tant pour des raisons de pouvoir que pour des raisons morales. Le marxisme aura ainsi été la dernière alternative d'envergure au marché qui aura réussi à séduire une partie de la planète. Aujourd'hui ce sont les fondamentalismes religieux qui voudraient

---

1.   *« Punition, récitation, uniforme, pensionnat, pour sortir de la crise, la France réhabilite les méthodes d'autrefois. Lorsque l'autorité faisait autorité. La nostalgie est-elle la solution ? »*, écrivait François Dufay.

devenir cette alternative face à une économie de marché mondialisée hissée au rang de langue universelle.

La tentation du fatalisme, alibi à l'inaction ? La seconde tentation est de laisser faire, d'invoquer la complexité des réformes pour se donner des excuses à l'inaction. De penser que « le complexe, c'est trop compliqué » et de baisser les bras, en se réfugiant dans la *confusion* comme alibi à l'impuissance. C'est la pire.

Mais il reste une autre option, celle qui fonde notre nouvel imaginaire. Tentons ici d'en comprendre les fondements.

Le nouvel imaginaire, le « oui, mais... »[1]

1er fondement : trouver des repères identitaires collectifs à défaut d'autorités

Que constate-t-on ? D'abord, le besoin flagrant de repères identitaires collectifs en contrepoint à la dévaluation des autorités :

- Le modèle français « moderne » est, en effet, parvenu à une impasse, mais le modèle postmoderne qui a suivi produit des effets pervers symétriques ;
- Les enjeux européens ont divisé la gauche et la droite ;
- Le chômage et l'exclusion ont créé des zones de non droit ;
- La confiance dans les politiques est au plus bas et leurs paroles dévaluées ;

---

1. Pascale Weil, « L'imaginaire du oui, mais...», Revue de Publicis Consultants publiée début mai 2005.

- Les entreprises sont surveillées avec suspicion après les scandales ENRON, TOTAL, et leur éthique interrogée ;
- Les médias sont attaqués pour leur sensationnalisme ;
- La justice aussi est mise en accusation (Outreau…).

Les débats portent sur les nouveaux repères d'autorité (parentale ou étatique), sur l'effort (« remettre la France au travail »), sur la laïcité (de la loi républicaine), sur l'éducation et la responsabilité des parents, sur la nature de la médiation politique à l'heure où les citoyens ne trouvent plus dans leurs organes de représentation des repères crédibles.

Quand les autorités ne guident plus, partout, la question identitaire s'avère centrale : qu'elle s'exprime à l'occasion de l'élargissement de l'Europe à la Turquie, du débat entre chrétienté et islam, des racismes « importés » du Proche-Orient, de la discrimination positive, des valeurs de la Nation et de son rôle face à l'Europe ou de l'État face à la décentralisation.

D'où le besoin de définir notre modèle identitaire : au nom de quoi vivre ensemble ? Avec quel pacte commun ?

2ᵉ fondement : dépasser l'inquiétude que les fils ne vivent pas toujours mieux que les pères

Seulement 32 % des Français pensent que leurs enfants auront une situation meilleure qu'eux-mêmes, 31 % moins bonne et 27 % équivalente[1]. Les signes d'inquiétude se multiplient sur divers fronts, avec les menaces économiques, sociales, terroristes, ou les risques sanitaires ou alimentaires,

---

1. NSP 1 %, BVA/*Les Échos*, septembre 2002. Les représentations de la réussite sociale.

réels ou perçus[1] au point de caractériser ce que Christophe Lambert appelle « la société de la peur ».

Sentant que le centre de gravité du monde se déplace vers l'Asie et entraîne une moindre « centralité » occidentale, 48 % des Français estiment que le pays est en déclin[2] et 79 % se disent inquiets ou très inquiets en ce qui concerne la situation économique et sociale[3].

La nouvelle génération se sent dupée par ce qui ressemble à la « fin d'un cycle, voire d'une civilisation ».

Le nouveau postulat ressemble à « demain ne sera pas meilleur qu'aujourd'hui ». Postulat d'autant plus troublant qu'il s'oppose au paradigme qui fonde la culture occidentale depuis 500 ans : que le monde, grâce au progrès, se dirige vers un mieux. Il s'oppose aussi à l'idée que l'homme soit un sujet agissant, responsable et bâtisseur d'un avenir qu'il n'envisage pas comme fatal mais comme ce qu'il en fera. Or les individus ont délaissé cette perspective, préoccupés qu'ils sont par l'avenir de leurs enfants qui ne bénéficieront pas d'emblée de la même équation qu'eux : plus d'efforts = plus de récompenses. Et de fait, les dernières réformes de la retraite et de la santé leur ont demandé davantage d'efforts, ne serait-ce que pour assurer un même niveau de protection.

D'où l'attitude de conservation, de prudence et de protection où chacun cherche à préserver l'existant. D'où la méfiance de la nouvelle génération qu'il faut néanmoins motiver.

---

1. Christophe Lambert analyse en détail, dans « *La société de la peur* », Plon, 2005, « la peur de perdre, la peur de l'autre, la peur de la solitude, la peur de vieillir… ».
2. Source CSA, *L'Humanité*, novembre 2003. Contre 9 % pour qui, il progresse, 42 % pour qui, il n'est ni en déclin ni en progression, 1 % NSP.
3. Source IPSOS/*France Observer*, septembre 2004.

3ᵉ fondement : conjurer les multiples fractures de la société bipolaire

Alors que les baby-boomers ont connu l'épanouissement des classes moyennes et la réduction des inégalités, leurs enfants vivent le mouvement inverse d'une société centrifuge qui se morcelle sous l'effet de plusieurs fractures :

- La fracture économique entre « la France d'en haut et la France d'en bas », selon la formule de Jean-Pierre Raffarin, doublée d'une fracture géographique et spatiale conduisant au « ghetto français »[1], à la paupérisation des catégories intermédiaires et à la dégradation de leur statut économique ou social ;

- La fracture de générations, alors que les familles comptent jusqu'à quatre, voire cinq générations qui ne partagent plus le même langage : entre des jeunes élevés à la culture audiovisuelle et numérique et leurs baby-boomers élevés à la culture écrite, le fossé est immense ;

- La fracture de l'effort entre « la France qui bosse et celle qui bulle »[2], entre le secteur public et le secteur privé, entre la France exposée et la France abritée ;

- La fracture sociale quand l'ascenseur ne fonctionne plus, que les jeunes connaissent une plus grande pauvreté, ou ne peuvent pas compter sur un emploi à moyen et long terme pour fonder une famille (ou sur un marché de l'emploi plus fluide), que les chômeurs de longue durée risquent de ne plus remonter dans le train de l'emploi ;

- La fracture du savoir quand le niveau d'instruction devient un des critères les plus discriminants. Plus la

---

1. Éric Maurin, *Le ghetto français*, Le Seuil, coll. « La république des idées », 2004.
2. *Capital*, octobre 2004.

société se tertiarise et plus un faible niveau de savoir devient un handicap qui se rattrape difficilement ;

- La fracture numérique qui concentre, à elle seule, les fractures entre hommes et femmes, entre jeunes et personnes âgées et entre personnes à faible et haut niveau d'instruction ;

- La fracture de mobilité qui s'accroît entre *les locaux et les globaux*, ceux qui restent dans leur pays d'origine et ceux qui voyagent ou travaillent à l'étranger, ceux qui parlent anglais couramment et les autres ;

- La fracture mentale qui se manifeste entre la profusion des produits, des marques, des médias et l'appel à consommer avec modération, à réduire ses prises alimentaires, à veiller à son cholestérol ou à ses sucres sanguins, à attacher sa ceinture de sécurité, contrôler ses vaccins, faire l'amour avec des préservatifs, bref à la prudence, au contrôle ;

- Sans compter la schizophrénie d'une France d'origine latine mais de plus en plus anglo-saxonne, de tradition catholique, mal à l'aise avec l'argent mais intégrant des valeurs protestantes libérales.

D'où une société « multi-bipolaire » qui présente un fossé radical entre ceux qui « ont, savent, peuvent et voyagent » et ceux qui « ont peu de moyens, peu de connaissances, peu de pouvoir et évoluent sur un territoire limité ».

Dans une société centrifuge, les moyennes perdent leur sens

Plus la société devient multi-bipolaire et moins les moyennes ont de sens.

Comment lire les statistiques dans une société centrifuge où la majorité se délite en minorités multiples ?

Parler d'une baisse de 1 % en moyenne du pouvoir d'achat a-t-il du sens quand ceux qui ont conservé leur emploi ont maintenu à peu près leur pouvoir d'achat mais que ceux qui l'ont perdu sont descendus brutalement dans l'échelle sociale ? Les moyennes ont-elles encore du sens quand les fractures, désormais exposées par les médias, les rendent insupportables aux plus démunis comme aux mieux pourvus ?

Aussi, vers quel nouvel imaginaire nous entraînent les valeurs inverses des baby-boomers et de leurs enfants ? Rappelons brièvement les imaginaires précédents.

1960-1975 : l'imaginaire d'opposition

À l'époque de la reconstruction, celle de la jeunesse des baby-boomers, une vision manichéenne domine. On appartient à un camp politique ou un autre et on raisonne en « tout blanc » *ou* « tout noir », dans un imaginaire d'opposition. Tout s'affronte en effet :

- la modernité contre la tradition,
- la gauche contre la droite,
- le *baba-cool* contre le jeune cadre dynamique,
- les femmes contre les hommes,
- les syndicats contre les patrons,
- le communisme contre le capitalisme…

Dans ces années marquées du sceau révolutionnaire, la modernité fait « table rase du passé », elle abolit la tradition et s'inscrit sur une page vierge.

Cet imaginaire d'opposition domine aussi la consommation où :

* les ménagères s'opposent aux stars du cinéma,

* l'alimentation « normale » aux « régimes » réservés alors aux malades,

* les produits chers aux produits basiques.

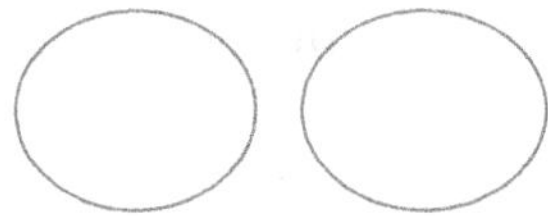

**Imaginaire d'opposition
OU/OU**

Le « OU/OU » domine.

Mots clés : s'opposer, trancher, séparer.

1975-1985 : l'imaginaire de fusion et de confusion

C'est une époque de croissance qui va conduire la société de consommation à faire voler en éclat les anciens repères qui la corsètent. Après 68, une série de « déstructurations » vont expliquer la naissance d'un imaginaire de fusion et de confusion :

* déstructuration politique où la bipolarité gauche/droite s'affaisse,

* déstructuration de la famille avec la montée des divorces et des foyers monoparentaux,

* déstructuration alimentaire née du travail des femmes qui bouleverse les habitudes,

* déstructuration vestimentaire où la mode invente le style « déstructuré ».

Cet imaginaire de fusion accompagne la croissance et l'accès des classes moyennes à la consommation : pourquoi conserver un vieux manteau alors qu'il devient si aisé de le remplacer à bon marché ? « Je m'éclate » devient alors le mot d'ordre de cette consommation débridée. Les femmes clament « je veux tout » (slogan de LESIEUR) : être une *business woman* et une mère, une femme et une amante, et prouver qu'elles peuvent tout faire, y compris dans la surenchère. L'époque boulimique revendique les droits au travail, à l'information, à la santé, à la culture… mais affranchis de leurs devoirs respectifs. On aime alors être proche, être en empathie, vivre avec ses émotions, faire corps avec son entourage.

C'est cet imaginaire de confusion qui va signer la « post-modernité », son refus des autorités et ses amalgames du « tout est dans tout », du « tout culturel », du « tout humanitaire ».

**Imaginaire de fusion
DANS**

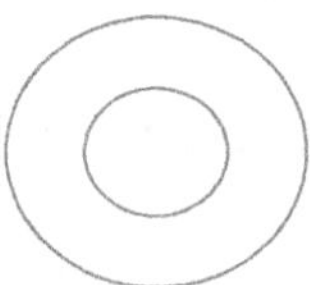

On souhaite être « dans ».
Mots clés : décomposer, déstructurer, mélanger, confondre, tout est dans tout : on est plongé dans la confusion.

1985-2000 : l'imaginaire d'alliance et de négociation

Après ces déstructurations, chacun va ressentir le besoin de créer de nouvelles recompositions, dans un imaginaire d'alliance et de négociation. Les baby-boomers ont atteint la maturité et se montrent plus attentifs aux équilibres. Leur objectif n'est plus de « s'éclater », mais de « se piloter » et de gérer, plutôt que l'exotisme des extrêmes, les négociations et concertations. Ils ne cherchent plus « tout », mais « le meilleur possible » ; ils « positivent » sous contraintes.

Cet imaginaire d'alliance ne renvoie pas à un consensus mou mais désigne une articulation négociée, un contrat, un pacte, un partenariat. Il va irriguer peu à peu tous les domaines d'activité comme une réponse aux paradoxes d'un monde interdépendant.

Partout, les frontières deviennent plus poreuses :

- La politique connaît la cohabitation ;
- Les réformes de l'éducation tentent l'alliance des lettres et des sciences, des cerveaux gauche et droit ;
- Les individus sont sensibles à une médecine qui relie leur corps et leur esprit, l'interne et l'externe, les inspirations occidentales et orientales, avec des produits actifs et non agressifs ;
- Les secteurs d'activités se chevauchent ;
- Les matériaux nouveaux sont des alliages inédits ;
- Les inspirations musicales se métissent ;
- On célèbre les produits à la fois technologiques et esthétiques, petits et efficaces, de qualité et peu onéreux, sains et gourmands, sportifs et chics… ;

- On relie les secteurs et métisse les langages : le management s'applique aussi au corps : on « gère » son corps, voire son « capital soleil, jeunesse ou santé », on « optimise » sa forme, on « investit » dans un club de gymnastique.

Imaginaire d'alliance
ET/ET

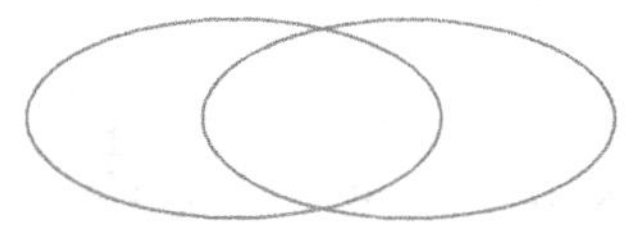

On cherche à allier et négocier : « ET & ET ».

Mots clés : allier, relier, articuler, assembler, connecter, échanger, négocier, partager, dialoguer, interactivité, partenariat, synergie, équilibre, alliance.

Avec l'imaginaire d'alliance a émergé le modèle de l'individu holistique. Celui-ci ne veut plus être traité comme un consommateur ou une part de marché, mais comme un être humain, un individu holistique. Éclectique et infidèle, il modifie ses achats selon ses besoins et envies du moment et attend qu'on lui rende un service plutôt qu'on lui vende seulement un produit. Il n'envisage plus la consommation comme une fin en soi mais attend qu'elle ait un sens pour lui. Il juge les produits sur un nombre croissant de paramètres et désire une relation personnelle et interactive au-delà du seul rapport marchand.

C'est ce contexte exigeant qui a servi de cadre de consommation à la nouvelle génération.

Le nouvel imaginaire : le « oui, mais… »

Les 3 fondements, le besoin de retrouver des repères collectifs, de dépasser l'inquiétude de l'avenir et de compenser les fractures de la société centrifuge conduisent à un nouvel imaginaire.

L'imaginaire d'un individu qui dit « **oui, mais…** ».

Vis-à-vis de la société, il dit « oui » pour ne pas se marginaliser mais son approbation n'est ni adhésion, ni engagement total : « Je joue le jeu parce qu'il le faut bien **mais** au fond, je n'y crois pas, et je ne vais pas m'engager. »[1]

Il accepte l'économie de marché, mais n'assume pas l'ensemble de ses implications : « L'économie de marché produit de la richesse, elle est celle qui me laisse le plus libre, **mais** elle induit des inégalités et des injustices sociales, elle conduit à la financiarisation des entreprises, aux délocalisations et à l'extension des logiques de marché à tous les domaines : éducation, santé, culture, art. »

Il croit à l'Europe comme son continent naturel, mais s'interroge sur son ciment identitaire : « Quelle Europe ? Quel projet ? Quel périmètre ? Quelles valeurs ? Oui, il faut se rassembler pour être plus fort, **mais** sur quel modèle ? Et, à 25, l'Europe sera un "machin" hétérogène. »

Il pense que demain sera moins bien qu'aujourd'hui, mais tente, grâce à des plans B, de s'assurer que cela ne s'appliquera pas à lui (le système D à la française) : « Je crois en

---

1. Et il s'engage de moins en moins. Quand on demande : « *Ces derniers temps avez-vous envie de vous engager plus ou moins que d'habitude… dans le syndical : 70 % répondent moins que d'habitude ; dans le politique : 79 % moins que d'habitude ; dans le religieux : 80 % moins que d'habitude ; et 53 % plus que d'habitude dans l'associatif* », sans doute pour ses effets concrets, ponctuels (source SOFRES, CIDEM, janvier 2004).

moi, je me débrouille, **mais** même les étudiants diplômés ont plus de mal à trouver du travail. Que feront ceux qui ont peu de qualification ? »

Il ne pratique pas de religion de façon traditionnelle, mais souhaite préserver une forme de sacré qui donne du sens : « Je n'ai pas envie d'obéir à une autorité religieuse qui me dicte ma conduite, **mais** je garde un rapport avec le spirituel, à ma manière, avec syncrétisme. »

Il croit au progrès, mais voudrait qu'il soit aussi social, écologique et mieux partagé : « Le progrès était le fondement de la société occidentale, **mais** il doit profiter à tous, ne pas menacer l'équilibre de la planète, ne pas être seulement matériel et représenter un vrai "progrès" pour l'être humain : il doit surtout permettre à nos enfants de vivre au moins aussi bien que nous. »

Il est favorable à la technologie, mais craint qu'elle n'engendre un monde déshumanisé, glacé, incontrôlable : « La technologie m'apporte de la facilité, et sans elle, nous serions à l'ère des cavernes, **mais** je ne veux pas d'un monde à la Truman Show[1] ou à la Matrix[2]. »

Il profite avec joie des technologies mixtes, professionnelles et privées, mais ne veut pas se laisser envahir, et déploie des stratégies de protection : « C'est pratique, **mais** je veux protéger mon intimité. »

Il aime le virtuel et s'y évade, mais se méfie des relations sous cellophane : « Le net met le monde à portée de clic, j'y rencontre des gens qui me sont proches, **mais** je ne veux pas m'enfermer dans un monde artificiel. »

---

1. Film de Peter Weïr, 1998.
2. Film de Larry Wachowski et Andy Wachowski, 1999.

Il a besoin des médias, mais critique leur traitement et la qualité de l'information sur le net : « Je suis favorable à la liberté d'expression et à la pluralité d'opinion, **mais** finalement les sources d'informations sont très concentrées et souvent non vérifiées sur le net ; les médias sont une formidable ouverture sur le monde, **mais** ils vendent du sensationnalisme. »

Il a envie de consommer, mais ne veut pas se laisser berner : « Je veux profiter de la société de consommation, de sa diversité, de ses innovations, et la consommation, c'est mon domaine de décision, **mais** je ne veux pas être trop tenté, et prendre le temps de comparer pour faire de vraies bonnes affaires. Comme chez les hard discounters. »

Il se veut raisonnable, mais pas seulement rationnel : « En fourmi, je fais attention globalement à rester dans mon budget, **mais** il m'arrive de dépenser en cigale, de craquer ou de me priver sur un produit pour me concentrer sur un autre. »

Il croit aux marques, mais en attend des valeurs ajoutées perceptibles : « J'aime les marques, elles sont mon repère pour choisir, sans elles il y aurait moins d'innovations et la consommation serait triste, **mais** il faut qu'elles apportent une vraie différence par rapport aux marques de distributeurs ou aux marques premier prix qui me servent de référence. »

Il réfute l'uniformité, mais se sent angoissé par l'hyperchoix : « J'ai envie d'avoir le choix, c'est le propre d'une société avancée, **mais** je ne veux pas de faux choix, et me « prendre la tête » si les différences ne sont pas significatives. »

Il a envie de découvrir le monde, mais sans se mettre en danger : « J'ai envie d'être dépaysé, d'aller à la rencontre d'autres univers, **mais** à condition de ne pas mettre ma santé en jeu, par la nourriture, les transports, ou en contractant de nouvelles maladies. »

Il sait qu'il doit modifier ses conduites de consommation et manger sainement, mais n'a pas envie de faire l'effort : « Je culpabilise, **mais** j'aimerais bien des solutions miracles. »

Il apprécie la vitesse, mais redoute que le monde « n'aille trop vite » : « La vitesse est un vrai gain de temps, **mais** je me mets à confondre l'urgent et l'important, à ne plus hiérarchiser mes priorités, j'ai besoin de zones de respiration, "des petites gorgées de bière", des moments de paresse. »

Il apprécie l'instantané, mais n'approuve pas la dictature du court terme : « Je peux profiter des mails dans la seconde et des mobiles partout sur la planète, **mais** à force de vivre dans l'instant, nous avons perdu l'efficacité des stratégies dans la durée : parfois il faut donner le temps au temps. »

Il profite des réseaux, mais les suspecte de diluer la responsabilité de chacun dans une circulation anonyme : « Le réseau, c'est indispensable pour démultiplier ses capacités, **mais**, dans le travail, on finit par faire seulement ce que le réseau peut digérer, ça favorise la pensée unique et l'absence de responsabilité individuelle. »

Il profite aussi de sa voiture, **mais** sait qu'il doit réduire ses consommations d'énergie et polluer moins.

Il voudrait profiter de sa retraite, **mais** sait qu'il aura moins d'aisance, au fur et à mesure de l'allongement de la durée de vie…

Mais pourquoi cet imaginaire du « oui, mais » a-t-il succédé à son imaginaire « d'alliance » ?

Parce que si les alliances restent encore indispensables pour répondre aux impératifs d'une société de libre circulation des hommes et des marchandises, elles sont davantage devenues, à l'heure où se multiplient les fractures, des objectifs à atteindre plus que des réalités.

Le « oui mais » représente la figure dialectique de ces défis : il traduit un état d'esprit qui doute et oscille entre les postures manichéennes de l'imaginaire d'opposition et celles de l'ouverture à la négociation, apte à la gestion de la complexité. Il reflète une attitude distante et prudente, aux engagements calculés.

L'imaginaire du « oui, mais… » s'exprime particulièrement vis-à-vis du travail

La sphère professionnelle en est un bon exemple.

Dans les années soixante et soixante-dix, le baby-boomer salarié vivait un rapport impliqué et structurant avec l'entreprise et faisait de sa profession le signe de sa position sociale, en choisissant une entreprise pour longtemps. Il pouvait compter *a priori* sur une progression régulière et faire des projets à long terme, tant professionnels que familiaux. L'usine, notamment, incarnait ce monde où la hiérarchie était forte, les autorités respectées, dans un monde « taylorisé », rationnel, structuré sur le travail à la chaîne. *Régnait un imaginaire d'opposition.* Le conflit était « organisé » entre les intérêts des employés et ceux des patrons. Quant au chômage, rare, il était le signe d'une faute professionnelle et vécu comme une honte. Dans les années quatre-vingt, l'entreprise a présenté un visage plus empathique et fusionnel. L'emploi s'est tertiarisé et l'entreprise, qui avait besoin pour se moderniser de solliciter les milliers de micro-initiatives des baby-boomers, s'est vue investie du double espoir d'épanouissement professionnel et personnel : « quand on y passe une grande partie de sa vie, c'est important de pouvoir combiner le plaisir avec l'intérêt ». *Dans cet imaginaire de fusion*, l'entreprise est devenue presque « maternelle ». Mais, dans les années quatre-vingt-dix, le salarié a dû, avec la compétition mondiale, se ranger à un contrat plus mature dans un *imaginaire d'alliance et de négociation,* donnant-donnant.

Aujourd'hui, l'entreprise se donne à lire pour ce qu'elle est : un acteur engagé dans la guerre économique dont l'objectif est de créer de la valeur pour l'actionnaire. La mondialisation a imposé ses règles du jeu réciproques, le chômage sévit et les emplois précaires se multiplient : sur l'ensemble de la population, moins de quatre Français sur dix travaillent. Les entreprises, rendues frileuses par une législation protectrice, hésitent à recruter, d'autant qu'elles ont optimisé l'outil de production avec les 35 heures, au point que le pays présente mécaniquement une excellente productivité horaire mais une faible durée annuelle du travail.

La relation à l'entreprise a changé : les salariés, moins motivés par des augmentations de salaires rares et faibles, sont conscients que l'entreprise peut les licencier… sans faute de leur part. Ils ont décodé le langage managérial du *politically correct*[1]. Leur contrat mental est plus distant, moins

---

1. On trouve dans *Bonjour paresse* de Corinne Maier (Michalon, 2004) au-delà du pamphlet, des traductions du discours *politically correct* de l'entreprise sur les NTIC ou la culture d'entreprise.

engagé… sauf à ce que l'entreprise les conduise à partager un vrai projet. Le cynisme et le désarroi progressent quand il devient aussi intolérable de ne pas fournir de travail à ceux qui en ont besoin que de voir certains trouver plus confortable d'être assistés que de travailler[1].

Demain l'appel d'air ? Le départ des baby-boomers va être l'occasion pour les quadras de s'affirmer et pour les trentenaires de monter en puissance avec leurs valeurs, leurs règles mais aussi leurs défis pour le management d'hier.

L'imaginaire du « oui, mais » s'affiche dans les tabous des Français

L'imaginaire du « oui mais » s'illustre aussi à propos des valeurs de société. Le *Figaro Magazine* et la Sofres ont publié une étude sur les tabous des Français[2] qui montre que leur cœur balance… entre valeurs étatiques-autoritaires et libérales-libertaires.

« Oui… mais » de manière diagonale : en étant parfois libertaires **mais** étatistes !

Faisant moins confiance aux seules moyennes statistiques, nous avons demandé à la Sofres de procéder à des analyses et tris complémentaires avec l'objectif d'analyser les éventuelles différences d'âge[3].

---

1. Cynisme et désarroi que dessine Pancho dans *Le Monde* du 16 octobre 2004 en montrant un patron face à un ouvrier, clé à molette en main : *« Vous n'êtes pas obligé d'avoir un boulot et en plus un salaire. »*
2. « Les tabous des Français », *op. cit.*
3. Étude du *Figaro Magazine* du 10 septembre 2005, réalisée les 24 et 25 août 2005.

Ce complément d'investigation nous permet de dire :

* oui, les 25-30 ans sont plus libéraux et libertaires que les baby-boomers,

* mais les deux générations sont plus ouvertes au changement sur les mœurs que sur l'économie.

Regardons cela dans le détail.

Oui, sur les mœurs, la société postmoderne est plus libertaire et les plus jeunes y sont les plus ouverts.

« Le mariage des prêtres » : 80 % des Français y sont désormais favorables et les 25-34 ans à 85 %.

« La possibilité pour les femmes d'être ordonnées prêtres » : 79 % des Français y sont favorables, mais les plus âgés seulement à 67 % contre 81 % des 18-24 ans et 85 % des 25-34 ans.

« Le retour à une tenue vestimentaire identique pour tous à l'école » : les Français restent libertaires en y étant à 62 % défavorables : les 18-24 ans y sont à 80 % défavorables contre 51 % des 65 ans et plus et 60 % des 50-64 ans.

« Accepter qu'un enseignant gifle votre enfant pour le punir » : 58 % n'y sont pas prêts, mais ce refus est encore plus marqué à 74 % chez les 18-24 ans, et à 70 % chez les 24-35 ans qui sont la génération concernée. En revanche, 54 % des plus de 65 ans y sont prêts. Les plus libertaires étant les cadres et professions intellectuelles (contre à 73 %).

« Le mariage homosexuel » : 50 % sont favorables et 43 % défavorables, mais l'âge est décisif sur cette question ; les 25-34 ans sont pour à 71 %, alors que les 65 ans et plus sont défavorables à 66 %.

« *La possibilité d'avoir recours à l'euthanasie* » : la population a évolué rapidement vers davantage de tolérance, 81 % y sont aujourd'hui favorables alors qu'ils n'étaient que 65 % en 2000 et 73 % en 2004.

Mais les Français restent « autoritaires » sur certains thèmes, et les plus âgés le sont encore davantage.

« *L'adoption des enfants par les couples homosexuels* » : les jeunes sont libertaires avec 55 % des 24-35 ans favorables à cette mesure. Les plus de 65 ans y sont opposés à 77 % et les 50-64 ans à 65 %.

« *Fumer du haschich* » : les plus âgés sont clairement autoritaires ; 89 % des plus de 65 ans ne trouvent pas cela acceptable (contre 42 % des 18-24 ans et 48 % des 24-35 ans). Les CSP+ sont plus libertaires.

« *La légalisation des drogues douces* » : plus de deux Français sur trois y sont opposés (69 %), mais les plus autoritaires sont les plus de 65 ans avec 89 % de refus contre 55 % des 18-24 ans.

« *Parler dans les journaux de la vie privée des personnalités publiques* » : 63 % des Français estiment que ce n'est pas acceptable, mais 59 % chez les 18-24 ans, et 74 % chez les plus de 65 ans.

« *Frauder dans les transports en commun* » : 83 % des Français le réprouvent, mais leur déclaration autoritaire est sans doute marquée par le *politically correct*, dont 93 % des plus de 65 ans, 88 % des 50-64 ans et 74 % des 18-24 ans.

« *Rire ou plaisanter à propos du physique des gens* » : 86 % ne trouvent pas cela acceptable, quel que soit leur âge (entre 80 % des 25-34 ans et 93 % des plus de 65 ans).

Les questions qui divisent les Français :

« *La réduction du nombre de fonctionnaires* » *:* 53 % y sont défavorables contre 39 % favorables. Mais on constate que les jeunes sont les plus étatistes, qui craignent pour leur emploi : 56 % des 18-24 ans et 63 % des 25-34 ans y sont défavorables contre 49 % des 50-64 ans et 47 % des plus de 65 ans. Et les salariés du public, sans surprise, à 71 %.

« *La suppression des allocations familiales aux parents de mineurs délinquants* » *:* 50 % y sont favorables et 45 % défavorables. Mais on sent un retour à l'étatisme protecteur puisqu'en 2000, ils étaient alors 64 % à être favorables à cette sanction.

« *Travailler au noir pour compléter ses revenus* » *:* 52 % des Français trouvent cela acceptable, surtout chez les 18-24 ans (76 %) contre 35 % des plus de 65 ans, chez les chômeurs (68 %) et les CSP- (sans doute selon leur pratique).

Certains thèmes économiques expriment le souhait d'un refuge étatiste. C'est alors la CSP ou l'appartenance au secteur public ou privé qui explique le choix étatiste ou libéral.

« *La privatisation des grandes entreprises publiques (EDF, SNCF, La Poste, la RATP)* » *:* les Français se montrent plutôt étatistes ; 62 % y sont opposés, quelle que soit la classe d'âge ou la CSP.

« *La privatisation des autoroutes* » *:* 63 % y sont aussi opposés, malgré un fort taux de sans opinion chez les CSP-.

« *La possibilité pour les entreprises de licencier même si elles font des bénéfices* » *:* étatistes, les Français sont 91 % à s'y opposer, quels que soient leur âge et leur CSP.

« *La suppression de certains services publics, lignes SNCF, bureaux de poste, hôpitaux publics, lorsque le nombre d'habitants est très faible* » : 85 % y sont opposés, sans grande différence d'âge. Mais le sondage ne précise pas le prix que les Français sont prêts à payer pour ce service.

« *Le contrôle strict du nombre de visites chez le médecin ou d'examen médicaux avec des sanctions possibles en cas d'abus* » : 58 % sont favorables à cette mesure, les plus âgés étant un peu plus autoritaires, 63 % contre 50 % des 18-24 ans.

« *La limitation du nombre d'examens remboursés pour une même maladie* » : les Français sont plutôt opposés à cette mesure (63 % au total). Étatistes pour bénéficier de l'État providence, mais libertaires à leur propre profit ?

En conclusion de cette étude, deux enseignements :

Oui, la société postmoderne démontre une plus grande tolérance sur les mœurs et ce, d'autant plus que l'on est jeune.

Mais il n'y a pas correspondance exacte entre les valeurs libertaires et les valeurs libérales.

Notre société, si libertaire soit-elle devenue en une génération, est plus frileuse sur les sujets économiques, notamment chez les jeunes qui, soucieux de leur emploi, expriment leur besoin de refuge par des positions plus étatistes.

Libertaires, « oui, mais » souvent étatistes !

La faille souterraine
et silencieuse

Une faille sépare les baby-boomers de leurs enfants.

Ces générations qu'on a cru proches parce qu'aucun Mai 68 n'avait fait éclater leurs divergences recèlent, en fait, des oppositions flagrantes.[1]

Mais notre société n'a pas encore reconnu cette faille : elle n'a pas « choisi » entre les deux systèmes de valeurs. Car si elle a déjà quitté les rives de la « modernité » autoritaire-étatiste, elle ne montre pas son choix délibéré pour une « postmodernité libérale-libertaire ».

Elle flotte, écartelée entre ses principes d'hier et sa réalité d'aujourd'hui, dans le malaise de l'entre-deux.

Son malaise est d'autant plus grand que, contrairement aux pays anglo-saxons, mais aussi à l'Espagne ou l'Italie,

---

1. Nous rappelons avoir choisi d'incarner ces deux visions modernes et postmodernes par ces deux générations, pour être mieux compris, malgré les risques de généralisation et d'approximation.

la France est ancrée dans un jacobinisme « moderne » et spécifiquement mal armée pour accueillir les formes post-modernes, plurielles et décentralisées. Sa culture étatiste a plus de mal que d'autres à vivre avec la pression de l'économie sur le politique, qu'elle qualifie aussitôt d'américanisation.

Elle qui, fille de Descartes, a toujours prétendu endiguer les émotions par la raison, constate que ses enfants revendiquent la légitimité de leurs subjectivités, le culte du corps et des sensations.

Elle qui, universaliste par idéal, a conçu l'immigration dans les droits et devoirs de l'assimilation, est confrontée aux revendications originelles (et religieuses qui entendent s'affirmer au-delà de la sphère privée).

Elle qui portait fièrement son modèle d'exception, avance, tête baissée, incertaine de ses choix, honteuse de ses échecs, face à une jeunesse qui ne respecte pas son modèle historique.

Elle flotte, à la fois critiquée par les baby-boomers pour avoir cédé sur ses principes et incomprise par leurs enfants qui ne se trouvent pas leurs médiateurs. À la fois critiquée sur son territoire et incomprise par les pays étrangers qui perçoivent son « exception » comme prétentieuse et hypocrite, à force d'énoncer des principes sans les appliquer.

Elle flotte, moins assurée dans ses convictions modernes universalistes mais peu attirée par les solutions postmodernes qui, au nom du pragmatisme, entérinent les différences.

Elle flotte entre ces deux modèles, sans en assumer aucun.

2006 : la faille va-t-elle s'ouvrir ?

Alors, la faille encore souterraine va-t-elle s'ouvrir dès que les baby-boomers vont endosser leur statut de « papy-boomers »? Ce que l'on pouvait espérer être une relève dans le calme va-t-il se transformer en affrontement de deux générations ?

Politiquement, on peut parier que les baby-boomers ne vont pas renoncer à leur influence, quand ils quitteront la sphère professionnelle : ils ont du tonus, du temps libre, de l'argent et la conviction qu'ils sont les mieux placés pour faire advenir le retour du politique. Mais là, ils auront à affronter une relève qui veut rajeunir la classe politique et qu'on entend déjà gronder : « *La lutte des âges n'est pas un caprice de jeune loup, c'est une urgence démocratique* »[1] ; une relève qui ne tolèrera plus les discours qui ne sont pas suivis de faits et d'effets.

Économiquement aussi, les baby-boomers vont travailler plus longtemps ou s'investir dans de multiples activités. Mais dès que leurs retraites se réduiront, ne risquent-ils pas de peser sur leurs enfants, eux-mêmes en quête de travail et de leur propre équilibre ?

Psychologiquement, enfin, leurs enfants qui préviennent déjà « *qu'ils ne leur disent pas merci* », vont-ils leur demander des comptes pour leur avoir laissé un pays endetté, bloqué et sans projet ? Vont-ils renvoyer ces papy-boomers à leurs

---

1. Guimier Laurent, Charbonneau Nicolas, *Génération 69, les trentenaires ne vous disent pas merci*, Éditions Michalon, 2005.

responsabilités, leur reprocher leur absence de vision et d'anticipation, et leur incurie à ne pas les avoir armés pour le monde qui vient ?

Vont-ils les condamner, non seulement pour leur avoir laissé un monde de fractures, mais aussi pour leur avoir menti sur un avenir qui, en Europe, risque d'être plus dur que celui qu'ils ont connu ? En somme, d'avoir inversé le sens de l'espoir ?

Les tensions générationnelles risquent d'autant plus de s'aviver qu'elles se doublent de tensions économiques. Aussi est-ce un défi plus large qu'annonce la faille : au-delà du seul changement de génération, un changement radical d'époque.

Les défis du Temps, après ceux de la mondialisation

Temps 0. Réinitialisation.

En effet, la nouvelle ère nous pose ses défis du Temps, du passé comme du futur : quelle *transmission* donner à nos enfants ? Quelle *mémoire* commune partager ? Quel projet pour les *générations futures* ? Quel équilibre et solidarité pour les retraites ? Peut-on allonger *la durée de vie* et assurer la qualité qui va de pair ? Quelle position adopter sur *l'euthanasie* ? Comment reprendre pied sur l'axe de la *filiation* pour aider chacun à trouver ses premiers repères ? Comment penser l'identité non seulement comme un lien à un territoire, mais comme une *histoire* et une *projection* dans l'avenir ?

Si toutes les sociétés s'interrogent sur leur avenir, la nôtre fait face à un défi spécifique du Temps… après s'être consacrée à l'Espace de la mondialisation.

Ce défi du Temps est celui de la nouvelle génération.

Elle sait qu'il lui faut se munir d'un gène d'adaptation pour une société bipolaire où elle n'aura pas la même chance que ses parents de vivre une époque de forte croissance. Elle connaîtra les tensions économiques dans une Europe inquiète de préserver ses acquis, de protéger ses emplois, de répartir sa richesse, de s'occuper de ses vieux…
Elle sait que le monde obéit à une loi : « À quoi ça sert ? Combien ça coûte ? », et loin des clichés innocents à la Tanguy, elle a voulu profiter de son enfance le plus longtemps possible avant d'être lâchée dans le grand bain du *Gang des requins*[1].
Et si, jusqu'à présent, elle ne s'est pas révoltée contre les baby-boomers, c'est qu'elle a moins cherché à se battre contre ses parents que pour son propre avenir.

Mais demain ?
Acceptera-t-elle que les baby-boomers monopolisent la vie publique ? Que fera-t-elle des papy-boomers décidés à ne pas vivre leur vieillesse comme un livre d'image et conscients de leur *grey power* ? Acceptera-t-elle de soutenir économiquement cette génération dont elle ne respecte pas le modèle et qui aura eu, elle, une enfance dure mais une vie douce alors qu'elle connaît l'inverse ?

---

1. *Gang des requins,* 2005, de Bibo Bergeron et Vicky Jenson.

Notre défi commun sera d'éviter un match générationnel, à somme nulle.

De passer d'une société du « sans foi, ni loi » à une société « sans foi oui, mais a minima avec loi ». Sans sacré imposé, certes mais au moins doté d'un code de la route, d'un savoir vivre collectif et de règles communes.

Comment ? En forgeant une société de responsabilités, c'est-à-dire littéralement « capable de répondre » de ses actes : *response-ability.*

Au politique, la responsabilité de l'unité et donc de la coexistence de ces deux générations dont les référents sont en tous points différents, et les intérêts parfois opposés. À lui, le projet du vivre ensemble, l'anticipation, la protection, et la cohésion sociale. À lui, le courage des réformes « dures » qui engagent les générations futures (les retraites, la Sécurité sociale, l'éducation). À lui aussi, le délicat équilibre entre la proposition d'un projet global pour les baby-boomers et celle du langage d'actes pour la nouvelle génération. (Quitte à pratiquer le « le bricolage idéologique »[1] et à puiser ses solutions ici chez les modernes, là chez les postmodernes). À lui aussi, la clé de répartition sur l'éducation, la mémoire, la culture et les valeurs d'unité de la République.

À l'économique, la responsabilité de répondre aux besoins spécifiques de chaque génération.

À l'économique, au contraire, la logique centripète de satisfaire les besoins de chaque génération… et de chacun. Et si

---

1. Pour reprendre le terme de Claude Lévy-Strauss *La science du concret dans la pensée sauvage*, 1962, Paris, Éditions Plon.

la consommation n'est pas tout et ne peut pas tout, indexée au pouvoir d'achat, n'est-elle pas un territoire privilégié d'expression de soi quand le monde est plus incertain, l'emploi plus précaire, la famille plus dispersée, les institutions plus lointaines ? À elle de permettre à chacun d'arbitrer selon ses désirs et son système de valeurs grâce aux produits et services qui accompagnent chaque génération et chaque sous-groupe.

Aux entreprises aussi de jouer pleinement leur rôle d'agent économique et d'employeur des jeunes comme des seniors, Mais à elles aussi, la responsabilité de préciser leur rôle social sans laisser croire qu'elles peuvent se substituer au politique dans l'insertion des jeunes et le maintien dans l'entreprise des plus de 55 ans. À elles d'assumer leur rôle économique, sans pour autant, comme le dit Pascal Bruckner,[1] dans « Misère de la prospérité », faire de « l'économisme » la priorité – religion – universelle. Car « *pour devenir civilisatrice, l'économie doit être épaulée par des institutions qui garantissent la séparation des ordres et des pouvoirs, protègent les individus des blessures de la concurrence* ».

Aux entreprises enfin d'inventer de formes de management capables de piloter différemment ces deux générations.

Enfin, à chacun, la responsabilité d'une nouvelle attitude.

À chacun, la responsabilité de prendre la mesure de la faille qui sépare les baby-boomers de leurs enfants, au sein des multiples fractures de la société bipolaire. À chacun, la responsabilité de renouer avec l'axe du Temps, de la filiation

---

1. Pascal Bruckner, *Misère de la prospérité, la religion marchande et ses ennemis*, Grasset, 2002, Poche.

comme du projet dans une société centrifuge qui flotte entre ses repères d'hier et ses exigences de demain.

À chacun de surmonter ses peurs, de profiler le futur et d'éviter que l'imaginaire actuel du « oui mais », du désengagement et de la méfiance ne dérape demain en imaginaire d'opposition et de divorce. Et ce, sans pessimisme ni angélisme.

À chacun enfin, le courage d'accepter le prix à payer pour gérer nos paradoxes et conjuguer :

* l'économie mondiale, oui, mais en redonnant leur place aux politiques nationale et européenne ;
* les subjectivités, oui, mais confrontées à la quête de vérité ;
* l'émotion, oui, mais au sein d'un pacte de raison comme langage universel ;
* le plaisir du présent, oui, mais sans nier le temps de l'histoire ni oblitérer les impératifs du futur à profiler ;
* les droits, oui, mais accompagnés de leurs devoirs ;
* le respect de la différence, oui, mais sans légitimer de nouvelles discriminations et injustices ;
* l'expression des minorités oui, mais pas au détriment de la majorité ;
* le pragmatisme, oui, mais mis au service d'un souhaitable défini ensemble ;
* la vivacité de la démocratie, oui, mais dans l'unité de la République.

Soit, en paraphrasant Gramsci, avec *« l'optimisme de la volonté (oui, mais) le pessimisme de la lucidité »*.

Reset. Une nouvelle ère.

Quatre étapes de la société,
Quatre imaginaires correspondants

Vision moderne des baby-boomers | **Vision postmoderne de leurs enfants**

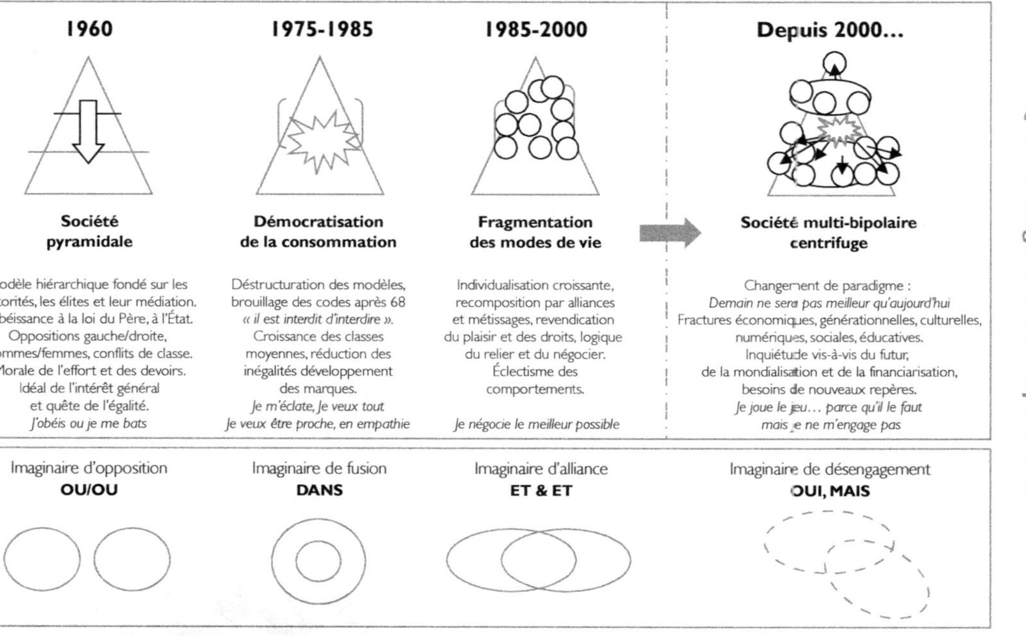

Bibliographie

ARDEN, Paul, *Vous pouvez être ce que vous voulez être,* Phaïdon, 2004.

BADINTER, Élisabeth, *L'un est l'autre*, Odile Jacob, 1986.

BADINTER, Élisabeth, *Fausse route*, Odile Jacob, 2003.

BAUDRILLARD, Jean, *Mots de passe*, Pauvert, 2000.

BAVEREZ, Nicolas, *La France qui tombe*, Perrin, 2003.

BOURDIEU, Pierre, *La Distinction. Critique sociale du jugement*, Minuit, 1979.

BRENDER, Anton, *La France face à la mondialisation*, La Découverte, 2004.

BRUCKNER, Pascal, *La mélancolie démocratique*, Le Seuil, 1990.

BRUCKNER, Pascal, *La tentation de l'innocence*, Grasset, 1995.

BRUCKNER, Pascal, *Misère de la prospérité, la religion marchande et ses ennemis*, Grasset, 2002.

CESPEDES, Vincent, *La cerise sur le béton*, Flammarion, 2002.

COELHO, Paulo, *L'Alchimiste*, Anne Carrière, 1994.

COMTE SPONVILLE, André, *Psychologies*, n° 186, mai 2000.

DEBRAY, Régis, *L'État séducteur*, Gallimard, 1993.

DEBRAY, Régis, *Le plan vermeil*, Gallimard, 2004.

EBGUY, Robert, *La France en culottes courtes*, Jean-Claude Lattès, 2002.

EHRENBERG, Alain, *La fatigue d'être soi*, Odile Jacob, 1998.

ETCHEGOYEN, Alain, *Psychologies*, n° 186, mai 2000.

FINKIELKRAUT, Alain, *Nous autres, modernes*, Ellipses, 2005.

FOOT, David K., *Entre le boom et l'écho*, Boréal, coll. « Info-presse », 1996.

GUIMIER, Laurent, et CHARBONNEAU, Nicolas, *Génération 69, les trentenaires ne vous disent pas merci*, Éditions Michalon, 2005.

KUNDERA, Milan, *L'Insoutenable légèreté de l'être*, Gallimard, 1984.

LAMBERT Christophe, *La société de la peur*, Plon, 2005.

LÉVY-STRAUSS, Claude, *La science du concret dans la pensée sauvage*, Plon, 1962.

LIPOVETSKI, Gilles, *La troisième femme. Permanence et révolution du féminin*, Gallimard, 1997.

LIPOVETSKI, Gilles, *Le crépuscule du devoir*, Grasset, 2002.

LIPOVETSKI, Gilles, *Les Temps hypermodernes*, Grasset, 2004.

LYOTARD, Jean-François, *La condition postmoderne*, Minuit, 1979.

MAALOUF, Amin, *Les identités meurtrières*, LGF, 2001.

MAFFESOLI, Michel, *L'instant éternel. Le retour du tragique dans les sociétés postmodernes*, Denoël, 2000.

MAFFESOLI, Michel, *Le rythme de la vie. Variations autour de l'imaginaire postmoderne*, La Table Ronde, 2004.

MAIER, Corinne, *Bonjour paresse*, Michalon, 2004.

MAURIN, Éric, *Le ghetto français*, Le Seuil, coll. « La république des idées », 2004.

MILLET, Catherine, *La vie sexuelle de Catherine M.*, Le Seuil, 2001.

OBALK, Hector, *Les mouvements de mode expliqués aux parents*, Robert Laffont, 1984.

PIRANDELLO, Luigi, *Chacun sa vérité* (1917), Gallimard, 1950.

ROCHEFORT, Robert, *Vive le papy-boom*, Odile Jacob, 2000.

ROGERS, David, *Les stratégies militaires appliquées aux affaires*, First, 1988.

RUESCH, Jurgen, « La communication et les valeurs américaines », dans Gregory Bateson et Jurgen Ruesch, *Communication est Société*, Le Seuil, 1988.

SABEG, Yazid et Yacine, *Discrimination positive. Pourquoi la France ne peut y échapper*, Calmann Lévy, 2004.

SCHNEIDER, Michel, *Big Mother, Psychopathologie de la vie politique*, Odile Jacob, 2002.

SEMPRUN, Jorge, *L'écriture ou la vie*, Gallimard, 1994.

STEINER, Georges, et SPIRE, Antoine, *Barbarie de l'ignorance*, Les Bords de l'eau, 1998.

STIGLITZ, Joseph E., *Quand le capitalisme perd la tête*, Fayard 2003.

SUN TSE, *L'art de la guerre, in L'anthologie mondiale de la stratégie*, Robert Laffont, 1990.

TODD, Emmanuel, *Le destin des immigrés*, Le Seuil, 1994.

TOURAINE, Alain, *Critique de la modernité*, Fayard, 1992.

TRUONG, Jean-Michel, *Eternity Express*, Albin Michel, 2003.

VIARD, Jean, *Société d'archipel*, Éditions de l'Aube, coll. « Aube poche », 1994.

WATZLAWICK, Paul, *Le langage du changement*, Le Seuil, coll. « Points », 1980.

WEIL, Pascale, *Et moi, émoi*, Éditions d'Organisation, 1986.

WEIL, Pascale, *À quoi rêvent les années quatre-vingt-dix*, Le Seuil, 1993.

ZINOVIEV, Alexandre, *L'avenir radieux*, Le Seuil, coll. « Points », 1985.

ZWEIG, Stefan, *Le Monde d'hier*, Belfond, 1982.

Index des noms propres

Total 119, 168
Touraine, Alain 51
Truman Show 178
Truong, Jean-Michel 137
Twin Towers 62

V

Viard, Jean 117
Villepin (de), Dominique 99

W

Warhol, Andy 37

Watzlawick, Paul 42
Wenders, Wim 35
Wonderbra 131
Woodstock 160
World Trade Center 62

Z

Zara 76
Zidane, Zinedine 11, 56, 106
Zinoviev, Alexandre 69
Zweig, Stefan 127